DANIEL J. SIEGEL es profesor clínico de Psiquiatría, fundador codirector de la facultad de Medicina del Centro Mindful Awareness Research de la UCLA y director ejecutivo del Instituto Mindsight. Graduado por la facultad de Medicina de Harvard, el doctor Siegel es autor de varios libros, entre ellos *Tormenta cerebral* y los best sellers *Ser padres conscientes* (con Mary Hartzell) y *El cerebro del niño* así como de *El cerebro afirmativo del niño* (ambos con Tina Payne Bryson).

Siegel pronuncia conferencias y dirige talleres en todo el mundo. Vive en Los Ángeles con su esposa.

DrDanielSiegel.com

TINA PAYNE BRYSON es la coautora (con Daniel Siegel) del superventas *El cerebro del niño*, traducido a dieciocho idiomas, así como de *El cerebro afirmativo del niño*. Es pediatra y psicoterapeuta de adolescentes, directora de estilos parentales en el Instituto Mindsight y especialista en desarrollo infantil en la Escuela Saint Mark de Altadena, California. Pronuncia conferencias y dirige talleres para padres, educadores y clínicos de todo el mundo. La doctora Bryson obtuvo su doctorado en la Universidad del Sur de California y vive cerca de Los Ángeles con su esposo y tres hijos.

TinaBryson.com

Penguin
Random House
Grupo Editorial

Título original: *The Yes Brain*

Primera edición: marzo de 2024

© 2018, Mind Your Brain, Inc. y Tina Payne Bryson, Inc
© 2018, 2020, Penguin Random House Grupo Editorial, S. A. U.
Travessera de Gràcia, 47-49. 08021 Barcelona
© 2024, Penguin Random House Grupo Editorial USA, LLC
8950 SW 74th Court, Suite 2010
Miami, FL 33156
© 2018, Paula Vicens, por la traducción

Printed in Colombia – *Impreso en Colombia*

ISBN: 979-88-909806-6-3

24 25 26 27   10 9 8 7 6 5 4 3 2 1

THE
YES
BRAIN

El cerebro afirmativo del niño

DANIEL J. SIEGEL y T. PAYNE BRYSON

Traducción de Paula Vicens

Para Alex y Maddi, mis mejores maes-
tros de un enfoque vital afirmativo
d. j. s.

Para Ben, Luke y J. P.: Me encantáis y
me asombra la luz que aportáis al mundo
t. p. b.

No temo las tormentas, porque estoy
aprendiendo a gobernar mi nave.

LOUISA MAY ALCOTT, *Mujercitas*

BIENVENIDO

«Quiero muchas cosas para mis hijos: felicidad, fortaleza emocional, éxito académico, habilidades sociales y un fuerte sentido de sí mismos entre otras. ¿Por dónde empezar? Cuesta saberlo. ¿En qué características es más importante centrarse para ayudarlos a tener una vida feliz y llena de sentido?»

Nos hacen una pregunta parecida dondequiera que vamos. Los padres quieren ayudar a sus hijos a arreglárselas solos y a que sean capaces de tomar las decisiones adecuadas, incluso cuando la vida les plantee un desafío. Quieren que se preocupen por los demás, pero que sepan defenderse. Los quieren independientes, pero también capaces de mantener relaciones satisfactorias. No quieren que se hundan si las cosas no les salen bien.

¡Uf! Es una larga lista que implica mucha presión para nosotros como padres (o como profesionales que trabajamos con niños). Así que, ¿en qué deberíamos centrarnos?

El libro que tienes en las manos intenta dar respuesta a

esta pregunta. La idea fundamental es que los padres pueden ayudar a sus hijos a desarrollar un cerebro afirmativo
con cuatro características básicas:

- Equilibrio: la capacidad de dominar las emociones y el comportamiento, para que los niños tiendan menos a perder los estribos y a descontrolarse.
- Resiliencia: la capacidad de recuperarse de los problemas y las luchas que inevitablemente surgen en la vida.
- Perspicacia: la capacidad de estudiarse, entenderse y de emplear luego lo aprendido para decidir mejor y tener más control sobre la propia vida.
- Empatía: la capacidad de ponerte en el lugar de los demás y que te importe lo suficiente para mejorar las cosas si hace falta.

En las siguientes páginas presentamos el cerebro afirmativo y hablamos sobre modos prácticos de alimentar
estas cualidades en los hijos y de enseñarles unas habilidades tan importantes para la vida.

Realmente uno puede ayudar a sus hijos a ser más
equilibrados emocionalmente, más resistentes a las luchas, más perspicaces a la hora de comprenderse a sí mismos y más empáticos y afectuosos con los demás.

Nada podría hacernos más ilusión que compartir este
enfoque de inspiración científica. Únete a nosotros y disfruta de aprender sobre el cerebro afirmativo.

DAN y TINA

El cerebro
afirmativo

CAPÍTULO I

El cerebro afirmativo: introducción

Este libro trata acerca de ayudar a los niños a aceptar el mundo. Trata acerca de animarlos a estar abiertos a nuevos desafíos, nuevas oportunidades, a aceptar lo que son y todo lo que pueden llegar a ser. Trata acerca de aportarles un cerebro afirmativo.

Si has asistido a las charlas de Dan, quizás hayas participado en ese ejercicio en que le pide al público que cierre los ojos y preste atención a sus respuestas físicas y emocionales mientras repite una palabra. Empieza de un modo bastante desagradable repitiendo «no». Repite «no» siete veces y luego dice «sí», con mucha más amabilidad, una y otra vez. Después pide a los asistentes que abran los ojos y describan lo que han sentido. La gente dice que la parte del ejercicio del «no» han estado apagados, molestos, en tensión y a la defensiva, mientras que cuando repetía «sí» se han sentido tranquilos, relajados y más alegres. Se les han relajado la musculatura facial y las cuerdas vocales, se les han normalizado la respiración y las pulsaciones y están más predispuestos, en lugar de cerrados, inseguros o reacios. (No dudes en cerrar los ojos y hacer el ejercicio. Puedes pedir ayuda a alguien de la familia o a un amigo. Fíjate en cómo reaccionas físicamente mientras escuchas «no» y después «sí».)

Estas dos respuestas —la respuesta al «sí» y la respuesta al «no»— te darán una idea de a qué nos referimos cuando hablamos del cerebro afirmativo y de su contrario, el cerebro negativo. Haciendo esto extensivo a la vida en general, un cerebro negativo te vuelve muy temperamental en las interacciones con los demás, prácticamente te impide escuchar, tomar decisiones adecuadas o empatizar con otra persona y preocuparte por ella. Te centras en la supervivencia y la autodefensa y, cuando se trata de interactuar con el mundo y aprender cosas nuevas, estás a la defensiva y cerrado. La respuesta del sistema nervioso es de lucha-huida-parálisis-desmayo. La lucha consiste en atacar, la huida en escapar, la parálisis en quedarse momentáneamente inmóvil y el desmayo en hundirse y sentirse completamente impotente. Al no poder dar rienda suelta a ninguna de estas cuatro reacciones a una amenaza, te vuelves incapaz de ser una persona abierta que conecta con los demás y de responder con flexibilidad. Este es el estado del cerebro negativo.

Por el contrario, el cerebro afirmativo surge de circuitos cerebrales distintos, que se activan y conducen a la receptividad en lugar de al rechazo. Los científicos usan el término «sistema de compromiso social» para referirse al conjunto de circuitos neuronales que nos ayudan a relacionarnos abiertamente con los demás e incluso con nuestra propia experiencia interna. Como resultado de la receptividad y de un sistema de compromiso social activo nos sentimos mucho más capaces de afrontar los desafíos de una manera sana, efectiva y flexible. En este estado cerebral afirmativo, abiertos a la ecuanimidad y la armonía, somos capaces de captar, asimilar y retener nueva información.

Esta mentalidad afirmativa es la que queremos para nuestros hijos, para que aprendan a ver los obstáculos y las experiencias nuevas no como impedimentos paralizadores sino, simplemente, como desafíos que afrontar, superar y de los que aprender. Si los niños trabajan con una mentalidad afirmativa son más flexibles, se comprometen más, están más dispuestos a probar suerte y explorar. Son más curiosos e imaginativos, no les preocupa tanto cometer errores. También son menos rígidos, menos tozudos, mejores por lo tanto en sus relaciones, más adaptables y resistentes enfrentándose a las dificultades. Se conocen y trabajan con una brújula interna que dirige sus decisiones y su modo de tratar a los demás. Guiados por su cerebro afirmativo, hacen más cosas, aprenden más y mejoran. Le dicen que sí al mundo desde una posición de equilibrio emocional, dando la bienvenida a todo lo que la vida ofrece, incluso cuando las circunstancias no son favorables.

Nuestro primer mensaje es emocionante: tienes el poder para fomentar este tipo de flexibilidad, de receptividad y de resiliencia en tus hijos. A esto nos referimos cuando hablamos de fortaleza mental. No hace falta que asistan a una serie de conferencias sobre coraje y curiosidad, ni entablar con ellos muchas conversaciones largas e intensas mirándoles a los ojos. De hecho, tus interacciones diarias con tus hijos son todo lo que necesitas. Sencillamente teniendo en

cuenta los principios y las lecciones del cerebro afirmativo que mostraremos en las próximas páginas, puedes usar el tiempo que pasas con tus hijos, mientras los llevas en coche a la escuela, cenando, jugando juntos o incluso discutiendo con ellos, para influir en la forma en que responden a las circunstancias e interactúan con quienes los rodean.

Eso es porque un cerebro afirmativo es algo más que una forma de pensar o un modo de entender el mundo. Es ambas cosas, por supuesto, y por eso proporciona a tu hijo una brújula interna que lo ayuda a afrontar los desafíos de la vida con seguridad y entusiasmo, la base para ser fuerte de dentro afuera. Pero un cerebro afirmativo es también un estado neurológico que emerge cuando el cerebro se involucra de cierta manera. Conocer unos cuantos detalles básicos sobre el desarrollo cerebral puede ayudarte a crear un entorno que te permita potenciar un cerebro afirmativo en tus hijos.

Como explicaremos a continuación, el cerebro afirmativo se debe a la actividad neuronal de una región del cerebro llamada corteza prefrontal, un área que vincula muchas regiones entre sí, que maneja el pensamiento de orden superior y que se ocupa de la curiosidad, la capacidad de recuperación, la compasión, la perspicacia, la apertura de miras, la resolución de problemas e incluso la moralidad. Los niños aprenden a acceder y prestar progresiva atención a las funciones de esta parte del cerebro a medida que crecen y se desarrollan. En otras palabras, puedes enseñar a tus hijos a cultivar esta importante área neural que respalda la fortaleza mental. Como resultado, se controlarán mejor física y emocionalmente, prestarán más atención a sus sensaciones internas y serán más «ellos mismos».

A eso nos referimos cuando hablamos de cerebro afirmativo: a un estado neurológico que ayuda a los niños (y a los adultos) a afrontar el mundo con amplitud de miras, resiliencia, empatía y autenticidad.

Un cerebro negativo, por el contrario, no surge del córtex prefrontal, sino de un estado cerebral menos integrado, resultante de la actividad de regiones del cerebro más primitivas. Este cerebro negativo es nuestro modo de responder a una amenaza o de prepararnos para un ataque inminente. Por lo tanto, reacciona poniéndose a la defensiva por temor a cometer un error o a que la curiosidad le cause algún problema. Además puede pasar a la ofensiva, rechazar el nuevo conocimiento y cerrarse a los demás. Atacar y rechazar son las dos maneras que tiene el cerebro negativo de relacionarse con el mundo. Su visión del mundo es obstinada, ansiosa, competitiva y amenazadora, lo que lo hace menos capaz de lidiar con situaciones difíciles o de lograr entenderse plenamente a sí mismo o a los demás.

Los niños que encaran el mundo con negatividad están a merced de las circunstancias y de sus sentimientos. Atrapados por sus emociones, incapaces de cambiarlas, se quejan de la realidad en lugar de buscar una forma sana de responder a ella. Los preocupa, a menudo obsesivamente, hacer algo nuevo o cometer un error, y no toman decisiones con la apertura de miras y la curiosidad de un cerebro afirmativo. La terquedad suele imponerse en su día a día.

¿Algo de esto te suena? ¿Se parece a lo que pasa en tu casa? Si tienes hijos, seguramente sí. La verdad es que todos somos a veces negativos, tanto los niños como los

CÓMO ES UN CEREBRO NEGATIVO.

adultos. No podemos evitar por completo ser inflexibles o impulsivos de vez en cuando, pero podemos entender a qué se debe y aprender a ayudar a nuestros hijos a recuperar rápidamente la asertividad cuando la pierden. Más importante aún, podemos darles las herramientas para que lo hagan por su cuenta. Los más pequeños son negativos con mayor frecuencia que los niños de más edad o que los adultos. Una aparentemente omnipresente negatividad es típica y propia del desarrollo a los tres años: por ejemplo, cuando una niña llora furiosa porque se le ha mojado la armónica cuando ha sido ella quien la ha metido en el fregadero lleno de agua. Con el tiempo, sin embargo, a medida que se desarrollan, podemos ayudar a nuestros hijos a controlarse, a recuperarse de las dificultades, a comprender sus propias experiencias y a ser considerados con los demás. En tal caso, el «no» se convierte progresivamente en un «sí».

Párate a pensarlo solo un momento. ¿Cómo cambiaría la vida en tu casa si tus hijos respondieran mejor a las situaciones cotidianas —las peleas con los hermanos, el apagar las maquinitas, el cumplir órdenes, los problemas con los deberes, la lucha para que se acuesten—, con un cerebro afirmativo en lugar de hacerlo con uno negativo? ¿Qué cambiaría si fueran menos rígidos y tozudos y más capaces de controlarse cuando las cosas no son como ellos quieren? ¿Y si aceptaran con gusto probar nuevas experiencias en lugar de temerlas? ¿Qué pasaría si

¿Cómo cambiaría la vida en tu casa si tus hijos respondieran mejor a las situaciones cotidianas con un cerebro afirmativo en lugar de hacerlo con uno negativo?

entendieran mejor sus sentimientos y fueran más comprensivos y empáticos con los demás? ¿No serían mucho más felices? ¿No sería mucho más feliz y pacífica la familia?

De esto va este libro: de contribuir a desarrollar el cerebro afirmativo de tus hijos, dándoles el espacio, la oportunidad y las herramientas para convertirse en personas que se relacionan sin temor con el mundo y para llegar a ser real y plenamente ellos mismos. Así ayudamos a los niños a adquirir fortaleza mental y resiliencia.

Fomentar un cerebro afirmativo no es ser permisivo

Seamos claros desde un principio acerca de en qué no consiste fomentar un cerebro afirmativo. No consiste en decirles a los niños que sí siempre. No es ser permisivo, ni ceder, ni evitarles las decepciones, ni sacarlos de los apuros. Tampoco es crear un niño obediente que obedezca mecánicamente a sus padres sin pensar por sí mismo. Al contrario. Es ayudar a los niños a que empiecen a darse cuenta de quiénes son y en quiénes se están convirtiendo, que pueden superar la

> Fomentar un cerebro afirmativo no consiste en decirles a los niños que sí siempre. No es ser permisivo, ni ceder, ni evitarles las decepciones, ni sacarlos de los apuros. Tampoco es crear un niño obediente que obedezca mecánicamente a sus padres sin pensar por sí mismo. Al contrario. Es ayudar a los niños a que empiecen a darse cuenta de quiénes son y en quiénes se están convirtiendo, de que pueden superar la desilusión y la derrota y elegir una vida llena de vínculos y significado.

desilusión y la derrota y elegir una vida llena de vínculos y significado. En el segundo y el tercer capítulo nos ocuparemos de la importancia de permitir que los niños comprendan que las frustraciones y los contratiempos son inherentes a la vida... y de apoyarlos mientras aprenden esta lección.

Al fin y al cabo, el resultado de un cerebro afirmativo no es una persona siempre feliz o que nunca tenga problemas ni sentimientos negativos. No es eso en absoluto. Ese no es el objetivo de la vida ni es posible tampoco. El cerebro afirmativo no conduce a una especie de perfección o de paraíso, sino que te hace capaz de encontrar alegría y sentido incluso cuando estás pasando por un mal momento. Te permite sentirte seguro y entenderte, aprender y adaptarte con flexibilidad y sentir que tu vida tiene un propósito. Te permite no solo superar las situaciones complicadas, sino salir de ellas más fuerte y más sabio. De este modo los niños pueden dar sentido a su vida. Con un cerebro afirmativo también son capaces de entrar en contacto consigo mismos, con los demás y con el mundo. A eso nos referimos cuando hablamos de tener una vida con vínculos y sabiendo quiénes somos.

Cuando los niños y los adolescentes desarrollan la capacidad de mantener la serenidad —adquieren la capacidad de regresar a un estado afirmativo después de estar en modo negativo—, les hemos dado un importante elemento de la resiliencia. Los antiguos griegos tenían un término para este tipo de felicidad compuesta de significado, vinculación y tranquila satisfacción. La llamaron *eudaimonia*, y es uno de los dones más fortalecedores y duraderos que podemos dar a nuestros hijos. Contribuye a crear la vida exitosa para la que podemos prepararlos si les permitimos madurar en su propia identidad individual a la vez que los apoyamos y capacitamos a lo largo del camino. Por supuesto, trabajando en nuestro propio cerebro afirmativo.

Afrontémoslo: en muchos sentidos nuestros hijos crecen en un mundo con el cerebro negativo. Piensa en la habitual jornada escolar, llena de normas, exámenes estandarizados, memorización repetitiva y técnicas iguales para todos. ¡Buf! ¿Y tienen que soportarlo seis horas diarias, cinco días a la semana, nueve meses al año? ¡Uf! Como colofón, ten en cuenta el apretado horario que les imponemos, lleno de clases «enriquecedoras» y de clases particulares y de otras actividades que los mantienen despiertos hasta tarde, perdiendo horas de sueño porque tienen que terminar los deberes que no pueden hacer durante el día, debido a que están tan ocupados «enriqueciéndose». Si añadimos a esto lo absorbentes que se han vuelto los medios digitales, cuyos estímulos auditivos y visuales atrapan la atención de nuestros hijos todo el día con el placer temporal que los griegos llamaban *hedonia*, nos daremos cuenta de que cultivar un cerebro afirmativo es particularmente importante en estos tiempos para potenciar la verdadera y duradera felicidad de nuestros hijos con una *eudaimonia* de sentido, vinculación y serenidad.

Los horarios apretados y las distracciones digitales no activan —y a veces incluso perjudican— el trabajo del cerebro afirmativo. Algunas actividades aportan experiencias enriquecedoras y otras pueden ser un mal necesario (aunque no estamos convencidos de lo necesarias que son realmente algunas prácticas educativas comúnmente aceptadas, como demuestra el trabajo inspirador que llevan a cabo en todo el país y en el mundo entero los educadores que desafían el statu quo de los deberes, los horarios lectivos y la disciplina). Sí, por supuesto que los niños necesitan interiorizar rutinas, seguir un horario y hacer tareas que no son necesariamente agradables ni divertidas. Verás que respaldamos esto a lo largo del libro. Lo que queremos destacar es simplemente que, teniendo en cuenta las muchas horas al día que invierte un niño en el trabajo o en actividades del cerebro negativo, es mucho más importante todavía que nos esforcemos para ofrecerles interacciones del cerebro afirmativo siempre que sea posible. Que el hogar sea un lugar donde se prioriza y se enfatiza la estrategia del cerebro afirmativo.

> Teniendo en cuenta las muchas horas al día que invierte un niño en el trabajo o en actividades del cerebro negativo, es mucho más importante todavía que nos esforcemos para ofrecerles interacciones del cerebro afirmativo siempre que sea posible.

Fomentar el cerebro afirmativo tampoco consiste en presionar más a los padres para que sean perfectos o para que eviten meter la pata con sus hijos. De hecho, se trata de relajarse un poco. Tus hijos no tienen que ser perfectos y tú tampoco. Afloja un poco. Tienes que estar presente emocionalmente para tus hijos como puedas estar y dejar que el desarrollo se produzca, apoyándolos en el proceso.

Si has leído nuestros libros *Disciplina sin lágrimas** y *La*

* *Disciplina sin lágrimas*, Ediciones B, Barcelona, 2015.

mente en desarrollo, verás enseguida que *El cerebro afirmativo* es la continuación y la ampliación de lo que ya habíamos dicho en ellos. Las tres obras se centran en la convicción de que el cerebro de nuestros hijos —y por lo tanto su vida— está significativamente influenciado por sus vivencias, lo que incluye cómo nos comunicamos con ellos, qué ejemplo les damos y qué clase de relación tenemos con ellos. En *La mente en desarrollo* explicábamos la importancia que tiene fomentar intencionadamente la integración del cerebro y de las relaciones de los niños, para que puedan ser ellos mismos por completo, estando al mismo tiempo vinculados significativamente con quienes los rodean. En *Disciplina sin lágrimas* nos centramos en entender qué oculta la conducta de nuestros hijos, pelando las capas de sus actos y aprendiendo que los problemas de disciplina son una oportunidad para enseñar y forjar habilidades.

En esta obra profundizamos un poco más en estas ideas y las aplicamos a una pregunta: ¿de qué clase de experiencia del mundo quieres que tus hijos gocen? En las siguientes páginas intentaremos aportarte nuevas maneras de pensar y de desarrollar el cerebro afirmativo de cada niño, para que avives la llama de su chispa interior única y contribuyas a que crezca y se extienda iluminando y reforzando su concepto de sí mismo y del mundo que lo rodea. Te presentaremos algunos de los últimos estudios científicos de vanguardia sobre el cerebro y te ayudaremos a aplicar esa información a la relación que tienes con tu hijo. Aunque parte de lo que te diremos en estas páginas implique un cambio en tu modo de pensar y hacer como padre, y requiera algo de práctica, hay muchas cosas que puedes empezar a probar, hoy mismo, que marcarán la diferencia en el desarrollo de tu hijo y en la relación que ambos compartís. Simplemente el hecho de comprender algunos de los fundamentos del cerebro afirmativo te ayudará a sobrevivir a los desafíos diarios e inmediatos a los que te enfrentas como padre —las rabietas, las batallas por el tiempo que pueden pasar frente a la pantalla y por la hora de acostarse, el miedo al fracaso y a las nuevas experiencias, la histeria de los deberes, el perfeccionismo, la terquedad, las peleas entre hermanos—, al mismo tiempo que ayudas a tus hijos a desarrollar habilidades duraderas que los capacitarán para llevar una vida rica y significativa.

Nos dirigiremos a los padres en todo momento, pero todo lo que decimos es para cualquiera que ame a los niños y se preocupe por ellos; para los abuelos, maestros, terapeutas, entrenadores y cualquier otra persona encargada de la inmensa y gozosa responsabilidad de ayudar a los niños a crecer hasta alcanzar la plenitud. Estamos agradecidos de que haya tantos adultos colaborando para amar y guiar a los niños y ayudarlos a aprender los fundamentos del cerebro afirmativo.

El cerebro integrado y con plasticidad

Todo lo dicho hasta ahora y de lo que hablaremos en el resto del libro se basa en las últimas investigaciones sobre el cerebro. La lente científica a través de la cual vemos los desafíos de los padres es la neurobiología interpersonal, una visión multidisciplinar basada en estudios llevados a cabo en todo el mundo. Dan es el editor fundador de la serie Norton de neurobiología interpersonal, una extensa biblioteca profesional de más de cincuenta títulos con decenas de miles de referencias científicas, así que si eres tan empollón como nosotros y quieres enfrascarte en la ciencia de la que surgen estas ideas no hay modo mejor para hacerlo que consultar esa serie. Pero no es necesario ser un neurobiólogo para entender algunos principios básicos de neurobiología interpersonal que pueden mejorar la relación con tu hijo de inmediato.

La neurobiología interpersonal es justo lo que crees: neurobiología desde una perspectiva interpersonal. En pocas palabras, analiza cómo interactúan nuestra mente, nuestro cerebro y nuestras relaciones para dar forma a lo que somos. Plantéatelo como «el triángulo del bienestar». La neurobiología interpersonal estudia las conexiones del cerebro de una persona y las que se crean entre los cerebros de diferentes individuos en sus relaciones mutuas.

Posiblemente, el concepto fundamental de la neurobiología interpersonal sea el de «integración», que describe lo que sucede cuando partes diferenciadas del cerebro colaboran como un todo coordinado. El cerebro está formado por muchas partes, cada una de ellas con funciones distintas: los hemisferios izquierdo y derecho; el tallo cerebral y el neocórtex; las neuronas sensoriales, los centros de memoria y otros circuitos responsables de funciones como el lenguaje, las emociones y el control motor, etc. Cada zona del cerebro tiene su responsabilidad, un trabajo que hacer. Cuando trabajan en colaboración, como un equipo, como

el TRIÁNGULO del BIENESTAR

RELACIONES
Intercambio de energía
y flujo de información.

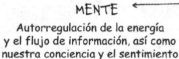

MENTE
Autorregulación de la energía
y el flujo de información, así como
nuestra conciencia y el sentimiento
subjetivo de estar vivos.

CEREBRO
Mecanismo corpóreo
de la energía y el flujo
de información.

un todo coordinado, el cerebro está integrado y puede ser mucho más efectivo de lo que sería si cada parte trabajara por su cuenta. Por eso hemos insistido tanto a lo largo de los años en la crianza que favorece todo el cerebro: queremos ayudar a los niños a desarrollar e integrar un cerebro «conjuntado», para que las distintas regiones cerebrales estén más conectadas estructural (físicamente conectadas por medio de las neuronas) y funcionalmente (trabajando o funcionando juntas). La integración estructural y la funcional son fundamentales para el bienestar general de la persona.

Los últimos estudios neurocientíficos apoyan la importancia que tiene un cerebro integrado. Puede que hayas oído hablar del Proyecto Conectoma Humano, patrocinado por los Institutos Nacionales de Salud, en el que biólogos, médicos, informáticos y físicos realizaron un estudio a gran escala del cerebro humano. Uno de los hallazgos fundamentales del proyecto, en el que se estudiaron más de mil doscientos cerebros humanos sanos, es especialmente pertinente para lo que decimos. Un cerebro integrado es la mejor garantía de lograr todos los objetivos positivos que una persona espera conseguir en la vida (felicidad, salud física y mental, éxito académico y profesional, relaciones satisfactorias, etc.), garantía determinada por lo interconectado que está el conectoma, es decir, por lo bien vinculadas que las diferentes áreas del cerebro están entre sí.

En otras palabras, si deseas ayudar a tu hijo a convertirse en una persona capaz de vivir de manera significativa y de lograr el éxito en la vida, nada hay más importante que ayudarlo a integrar su cerebro. Hemos escrito mucho acerca de las formas prácticas de hacerlo y este libro también trata en gran parte de eso. Como padre, o como abuelo, maestro o cuidador, tienes la oportunidad de aportar al niño al que amas experiencias que creen estas conexiones tan importantes en su cerebro. Todos los niños son diferentes y no hay una «solución mágica» para cada situación, pero con esfuerzo y voluntad puedes crear un espacio en la vida de tu hijo que contribuya a conectar las diferentes regiones

Si deseas ayudar a tu hijo a convertirse en una persona capaz de vivir de manera significativa y lograr el éxito en la vida, nada hay más importante que ayudarlo a integrar su cerebro.

de su cerebro, tanto estructural como funcionalmente, para que puedan vincularse, colaborar entre sí y producir estos resultados positivos.

Un cerebro afirmativo es el funcionamiento integrado del cerebro que favorece el crecimiento de conexiones estructurales integradas en el cerebro mismo. Cuando fomentas un cerebro afirmativo interactuando con tu hijo le estás permitiendo desarrollar un cerebro más integrado.

Es fácil entender por qué la integración es tan importante. Usamos el acrónimo FACETA para describir las características de un cerebro integrado.

Un cerebro interconectado, integrado, cuyas partes trabajan juntas como un todo coordinado y equilibrado, es más flexible, adaptable, coherente, enérgico y estable. Un niño con el cerebro integrado, en consecuencia, será más capaz de arreglárselas cuando las cosas no le vayan

Las FACETAS de un
cerebro integrado

Flexible

Adaptable

Coherente

Enérgico

Estable

bien. En lugar de responder al mundo desde una postura de agresividad, estando a merced de las circunstancias y de sus emociones, será más capaz de trabajar con una actitud receptiva, tendrá la voluntad y la capacidad de decidir cómo quiere responder a las distintas situaciones y a los retos. Así los niños adquieren comprensión de sí mismos y una brújula interior para guiarse, con objetivos intrínsecos y empuje propio. Esa es la mentalidad del cerebro afirmativo, que permite a los niños decidir mejor, relacionarse mejor con los demás y comprenderse mejor a sí mismos.

Una razón fundamental para guiar el aumento de la integración es que el cerebro es maleable y cambia en función de nuestras experiencias. Esto se conoce como «neuroplasticidad». No es solo la mente de una persona, o su forma de pensar, lo que cambia a lo largo de su vida. Por supuesto que eso también sucede, pero la neuroplasticidad es mucho más que eso. La estructura física del cerebro se adapta a la información nueva, se reorganiza y crea nuevas vías neuronales, basadas en lo que una persona ve, oye, toca, piensa, practica, etc. Cualquier cosa a la que prestemos atención, cualquier cosa que destaquemos de nuestras experiencias e interacciones crea nuevas conexiones en el cerebro. Donde va la atención, las neuronas se activan. Y las neuronas que se activan, se conectan o se unen.

La neuroplasticidad plantea algunas preguntas muy interesantes para los padres en términos de qué tipo de experiencias crean para sus hijos. Dado que los padres tienen la capacidad (controlando dónde y cómo llaman la

Dado que los padres tienen la capacidad (controlando dónde y cómo llaman la atención de sus hijos) de construir y fortalecer conexiones importantes en el cerebro de estos, es crucial que piensen en esas experiencias y en qué tipo de conexiones están ayudando a crear en esos jóvenes cerebros.

atención de sus hijos) de construir y fortalecer conexiones importantes en el cerebro de estos, es crucial que piensen en esas experiencias y en qué tipo de conexiones están ayudando a crear en esos jóvenes cerebros. Donde va la atención, las neuronas se activan. Con un cerebro afirmativo, cuando las neuronas se activan se conectan de formas constructivas, cambiando e integrando el cerebro. Así que cuando le lees a tu hijo y le preguntas: «¿Por qué crees que esto ha puesto triste a la niña?», le estás dando la oportunidad de adquirir y fortalecer el circuito cerebral de la empatía y el compromiso social. Simplemente prestando atención a esa emoción en concreto, estás construyendo el circuito del conocimiento de uno mismo. O si le cuentas chistes o le planteas adivinanzas, estás prestando atención al humor y la lógica, contribuyendo al desarrollo de

Donde va la atención

Las neuronas se activan y

se crean nuevas conexiones

estos aspectos de la personalidad de tu hijo. Del mismo modo, exponer a tu hijo a la humillación tóxica y a las críticas excesivas, tanto tuyas como de un profesor o un entrenador o cualquier otra persona, establecerá vías neurales que influirán en su concepto de sí mismo. Este estado negativo creado interactuando contigo también hace crecer el cerebro, pero no de un modo integrado.

La decisión es tuya: ¿cerebro negativo o afirmativo? Un jardinero usa rastrillo, un médico, estetoscopio, y un padre puede usar la herramienta de la atención para desarrollar y vincular partes importantes del cerebro del niño. De ese modo guías el desarrollo de tus hijos hacia la integración.

De la misma manera, cuando descuidamos ciertas facetas del desarrollo de nuestros hijos, esas partes de su cerebro pueden sufrir una «poda»: infradesarrollarse o incluso marchitarse y morir. Eso significa que, si los niños no viven determinadas experiencias o si su atención nunca es atraída hacia determinada información, pueden perderse el acceso a estas habilidades, sobre todo durante la adolescencia. Si, por ejemplo, tu hijo nunca oye hablar de generosidad y entrega, la parte de su cerebro responsable de estas funciones tal vez no se desarrolle bien. Lo mismo sucederá si no le dejas tiempo libre para jugar, usar la curiosidad y explorar. Esas neuronas no llegarán a activarse y la necesaria integración que conduce al progreso no se producirá. Algunas de estas capacidades pueden desarrollarse más adelante, con energía y esfuerzo, pero lo mejor es ofrecer experiencias que desarrollen el cerebro en la infancia y la adolescencia. Como explicaremos repetidamente en este libro, lo que haces sin darle importancia y lo que haces sin prestarle atención influye en lo que tu hijo será.

Otros factores, como el temperamento y varias variables innatas, son importantes también, evidentemente, cuando hablamos de dar forma al desarrollo de las funciones y la estructura del cerebro. Los genes tienen un papel importante en la formación del cerebro y, por lo tanto, en el comportamiento de cada niño, pero también influimos significativamente en nuestros hijos con las vivencias que les damos, a pesar de las diferencias innatas que no podemos controlar. Esto significa que sintonizando con tu hijo para determinar qué experiencias necesita y ayudándolo a enfocar la atención de maneras que se adapten a su temperamento individual puedes contribuir a su crecimiento cerebral. La experiencia modela el aumento de las conexiones del cerebro en la infancia, la adolescencia y durante toda la vida adulta.

Los cuatro fundamentos del cerebro afirmativo

Si has leído nuestros libros, sabes que hablamos mucho de construir lo que llamamos el «cerebro superior». El cerebro es tremendamente complejo, así que una manera de simplificar este concepto es comparando el cerebro en desarrollo de un niño con una casa en construcción, con un piso inferior y uno superior. La planta baja representa las partes más primitivas del cerebro —el tallo cerebral y el sistema límbico—, situadas en la parte inferior del cerebro, desde la nuca hasta la altura del puente de la nariz. Llamamos a esta zona el «cerebro inferior»; es responsable de las funciones neurales y mentales más básicas, como las emociones muy intensas, los instintos y funciones como la digestión y la respiración. El cerebro inferior es muy rápido y en buena medida no somos conscientes de que está haciendo su trabajo. Nos hace reaccionar a determinadas situaciones sin pensar, ya que es ahí donde se producen estos procesos instintivos, de orden inferior y a menudo automáticos.

Al nacer, la parte inferior del cerebro está bastante desarrollada. El cerebro superior, por otro lado, es la parte de la casa que sigue en construcción y que se ocupa de habilidades de pensamiento, emocionales y sociales más complejas. Se trata de la corteza cerebral, la capa más externa del cerebro, situada directamente detrás de la frente y que continúa hacia la parte posterior de la cabeza, como una cúpula que cubre el cerebro inferior. El cerebro superior nos permite hacer planes, valorar las consecuencias, resolver problemas complicados, tener en cuenta varios puntos de vista y realizar otras actividades cognitivas sofisticadas relacionadas con la función ejecutiva. Mucho, aunque no todo, de lo que solemos experimentar en nuestra vida cotidiana es el resultado de los elevados procesos mentales de nuestro cerebro superior.

El cerebro superior se va construyendo a medida que el niño crece y madura. De hecho, hasta los veintidós años el cerebro superior no está totalmente desarrollado. Si quieres una sola razón para tener paciencia con tu hijo cuando tiene una rabieta o no se comporta de forma razonable es esta: su cerebro todavía no está completamente formado y, por lo menos a veces, es literalmente incapaz de controlar sus emociones y su cuerpo. En esos momen-

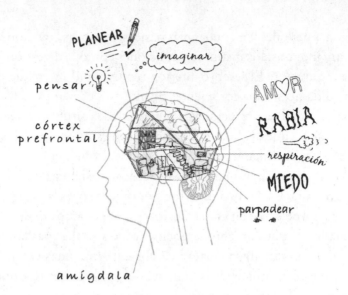

PLANEAR

imaginar

pensar

AMOR

RABIA

córtex
prefrontal

respiración

MIEDO

parpadear

amígdala

tos está actuando llevado por su cerebro reptiliano, primitivo, inferior. Entonces tú entras en juego como padre. Una de tus principales tareas como cuidador de ese niño es alimentarlo y amarlo mientras lo ayudas a construir y reforzar su cerebro superior. En cierto modo eres su cerebro superior externo hasta que el suyo se haya desarrollado. Durante ese proceso, puedes contribuir a moldear el cerebro plástico de tu hijo, a integrarlo ofreciéndole experiencias que desarrollen las distintas funciones del cerebro superior y equilibren las del inferior.

Tiene sentido que contribuyas al desarrollo de la parte de tu hijo que le permitirá ser un individuo razonable, cariñoso, resiliente y responsable, ¿verdad? Eso es lo que hace el cerebro superior. Más concretamente, hay una zona del cerebro superior, el córtex prefrontal, responsable de prácticamente todos los comportamientos deseables en una persona madura con un cerebro afirmativo activo: flexibilidad y capacidad de adaptación, decisión para actuar y hacer planes, control corporal y emocional, perspicacia, empatía y moralidad. Estos son los comportamientos resultantes de un córtex prefrontal completamente formado y que funciona bien, y constituyen la esencia de la inteligencia social y emocional. Si el córtex prefrontal trabaja bien, cuando se ha producido la integración, la persona está contenta, vinculada y siente que el mundo es su hogar. Eso es lo que crea la *eudaimonia*: permite una vida con sentido, vinculación y serenidad. La persona ve la vida desde la perspectiva de un cerebro afirmativo.

Como verás en los siguientes capítulos, hemos tomado esta lista de comportamientos resultantes de un córtex prefrontal integrado y la hemos simplificado hasta reducirla a lo que llamamos los cuatro fundamentos del cerebro afirmativo:

Si el córtex prefrontal y las zonas relacionadas se involucran y hacen su trabajo, el cerebro afirmativo surge cuando le permitimos a un niño crecer, cuando lo alentamos a convertirse en lo que verdaderamente es. Teniendo siempre cuidado de aceptar su temperamento y su propia identidad, le enseñamos las destrezas y habilidades que pueden ayudarlo a lo largo del camino. Estos cuatro fundamentos emanan de un cerebro superior comprometido e integrado.

Por ejemplo, si vemos que el niño tiene problemas para manejar las emociones fuertes, lo ayudamos a desarrollar el equilibrio, que consiste en controlarse emocional y físicamente y en tomar la decisión acertada aunque esté molesto. Si suele tener dificultades para descontrolarse cuando se enfrenta a circunstancias difíciles, podemos trabajar con él la resiliencia. Cuando tenga más equilibrio y resiliencia, estará más preparado para adquirir la perspicacia necesaria para comprenderse verdaderamente y entender sus emociones, lo que significa que podrá decidir lo que le importa y quién quiere ser. Este es el núcleo de lo que llamamos la brújula interna. El último fundamento del cerebro afirmativo es la empatía: tomar esas fortalezas y esa perspicacia acerca de sí mismo y usarlas para entenderse y cuidar mejor de él y de los demás, y para actuar con ética, con moralidad. Como explicaremos en el quinto capítulo, usamos el término general «empatía» para una amplia gama de significados científicos: sentir lo que siente otra persona (resonancia emocional), imaginar el punto de vista de otro (toma de perspectiva), entender a otro (empatía cognitiva), compartir la alegría de otra persona (alegría empática) y preocuparse por otro con intención de ayudarlo (empatía compasiva).

Los cuatro fundamentos son habilidades que se aprenden y cada paso sucesivo hacia un cerebro afirmativo lo acerca más a una vida llena de equilibrio, resiliencia, perspicacia y empatía.

Fíjate en que el proceso es cíclico. Un cerebro afirmativo lleva al niño a tener más equilibrio, resiliencia, perspicacia y empatía. Luego, a medida que trabajamos para alentarlos y promoverlos, estos fundamentos refuerzan aún más un enfoque del cerebro afirmativo, que conduce nuevamente a un mayor equilibrio y a más resiliencia, perspicacia y empatía. Es un proceso recurrente y orientado al crecimiento que conduce a resultados cada vez mejores de nuestros niños. En muchos sentidos, esto pone de manifiesto un hallazgo fascinante de la ciencia: la integración crea más integración. Las interacciones de un cerebro afirmativo hacen surgir más cerebros afirmativos. Cuando, en tu papel de padre, aprendes a tomar conciencia de estas habilidades y a desarrollar tu propio cerebro afirmativo, puede que te sorprenda gratamente ver que, tal y como nosotros vemos y tantos otros con los que trabajamos ven, que esta nueva habilidad se refuerza a sí misma. (Puede que ya te hayas dado cuenta de eso e incluso que estés pensando: «¡Oh! Dan y Tina, eso es propio de un cerebro negativo.» ¡Pero nosotros diríamos que esto es propio de un cerebro afirmativo!)

No lo olvides: cada uno de los cuatro fundamentos es una habilidad que tu hijo puede adquirir con la práctica y con tu ayuda. Algunos niños son equilibrados, resilientes, perspicaces o empáticos por naturaleza, pero el cerebro de cualquier niño posee la plasticidad necesaria para crecer y desarrollarse en función de las experiencias integradoras que viva. Por lo tanto, vamos a darte la información básica sobre cada uno de los fundamentos y los pasos prácticos que puedes seguir para fomentar y desarrollar estas habilidades en tus hijos.

Fomentar un cerebro afirmativo tiene ventajas significativas, tanto a corto como a largo plazo. El beneficio más inmediato es que tu labor como padre será más fácil. Un niño que haya desarrollado la capacidad de acceder a su cerebro afirmativo no solo será más feliz y se interesará más por el mundo: también será más flexible y costará menos trabajar con él, porque la agresividad será sustituida por la receptividad (enseguida hablaremos de esto). Así que ese es el beneficio de darle a tu hijo la capacidad de activar el cerebro afirmativo: un niño más pacífico y tolerante y una relación padre-hijo más fuerte. El beneficio a largo plazo es que estarás construyendo e integrando el cerebro superior de tu hijo y enseñándole habilidades que usará durante la adolescencia y la edad adulta. Después de todo, estos cuatro fundamentos son la clave de la *eudaimonia*, de una vida sana, feliz y auténtica.

Al final de cada capítulo encontrarás dos secciones pensadas para darte más formas de poner en práctica las ideas expuestas en él. La primera, «Niños con un cerebro afirmativo», es una tira de viñetas para ayudarte a hablar de las ideas de ese fundamento en particular con tu hijo. Hemos usado el mismo método en otros libros y tanto padres como maestros y médicos nos han dicho lo útil que resulta cuando no pueden asimilar la información solo para ellos y tienen que dársela también a los niños. Cuando hayas leído el capítulo de la resiliencia, por ejemplo, podrás leer la sección «Niños con un cerebro afirmativo» con tu hijo y hablar luego los dos de lo que significa enfrentarse a los miedos y superar los obstáculos y de cómo hacerlo.

La segunda sección que cierra cada capítulo es *Mi cerebro afirmativo*. En ella te damos la oportunidad de pensar en las ideas en él expuestas no solo como padre que trata de entender a su hijo y de aportarle habilidades importantes, sino como individuo interesado en su propio crecimiento y desarrollo a lo largo de la vida. Al fin y al cabo, estás siendo el ejemplo para tu hijo de cómo estar en el mundo. Como le decimos siempre a nuestra audiencia, prácticamente todas las ideas y las técnicas que enseñamos sirven para los adultos tanto como para los niños. Eso no significa que tengas que ser perfecto o estar al tanto de todo siempre, pero desarrollar unas habilidades de comunicación y relacionales mejores, ser más abierto y estar más dispuesto a vivir nuevas experiencias, encontrarle más sentido a la vida diaria, estar más contento y más satisfecho... ¿Quién no quiere todo eso? Y eso es tener un cerebro afirmativo. Así que los capítulos terminan dándote la oportunidad de pensar en tu vida y en cómo puedes beneficiarte viviendo de una manera más resiliente, equilibrada, perspicaz y empática.

Al final del libro encontrarás la «Hoja para la nevera», en la que hemos resumido las principales ideas de esta obra. Puedes copiarla y ponerla en la nevera o fotografiarla con el móvil y consultarla cuando quieras recordar alguna idea importante o hablar a otros del cerebro afirmativo.

Todo lo que decimos en estas páginas está avalado por la ciencia. Sin embargo, nos damos cuenta también de que los padres están, casi por definición, abrumados y exhaustos, que luchan a menudo por encontrar un momento para comer y dormir e ir al baño. Así que nos hemos esforzado para hacerlo todo lo más sencillo y fácil de usar posible, siendo fieles a la ciencia, pero uniéndonos a vosotros como padres para hacer las cosas sencillas, precisas y efectivas.

Nos sentimos inmensamente honrados de que hayas elegido incluirnos en este difícil y gratificante proceso llamado «crianza de los hijos». De hecho, nos inspira respeto y admiración que, con todo lo que te sucede mientras crías a tus hijos, sigas esforzándote para hacerlo de forma deliberada y cariñosa en lugar de simplemente activar el piloto automático y hacer lo mismo que viste hacer a tus padres. Ese tipo de crianza deliberada y cariñosa contribuirá en buena medida a acercar a tus hijos a un cerebro afirmativo y los ayudará a abordar la vida con franqueza, entusiasmo y alegría.

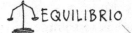

EQUILIBRIO

CAPÍTULO 2

El cerebro equilibrado

Alex le encantaba ver jugar a fútbol a su hijo Teddy, siempre y cuando todo fuera bien. Si el equipo de Teddy ganaba y él metía goles, todo era estupendo. Pero cuando fallaba un tiro o se equivocaba al pasar el balón, o si el equipo acababa derrotado, Teddy perdía los estribos. Inmediatamente estallaba, anulaba el papel integrativo de su cerebro superior y su cerebro inferior tomaba el mando. Lo mismo le pasaba cuando le tocaba sentarse para que otros niños pudieran jugar. Volvía corriendo al terreno de juego y a veces Alex tenía que sujetarlo para mantenerlo fuera.

La reacción de Teddy a la decepción era hasta cierto punto comprensible: al fin y al cabo solo tenía ocho años y era muy competitivo. A esa edad los niños tienen malos días cuando no saben controlarse. El problema era que sus salidas de tono eran muy frecuentes y por motivos que no alteraban a los demás niños de ocho años. De hecho, Alex se asustaba enseguida que cualquier cosa iba mal en uno de los partidos de Teddy. (Y si has visto niños de ocho años jugando a fútbol, sabes que Alex tenía miedo en muchas ocasiones.) Sabía que en cuanto el equipo se quedara atrás o Teddy fallara un pase o el árbitro le llamara la atención a él o al equipo, Teddy se enfadaría y se pondría a gritar o incluso se marcharía en tromba del terreno de juego y se negaría a jugar.

¿Qué necesitaba Teddy en aquella etapa de su vida? Equilibrio, el primer elemento fundamental que surge del cerebro afirmativo. Le faltaba capacidad de control, es decir, para equilibrar sus emociones y su organismo, de manera que bastaba poco para desequilibrarlo y que perdiera los estribos.

Suponemos que algo parecido te habrá pasado con tus hijos de vez en cuando. Se descontrolan y les cuesta dominar sus emociones y su comportamiento. Puede que hayas visto a tus hijos comportarse como Teddy cuando no se salen con la suya. Puede que tengan su propia manera de hacerte saber que no son capaces de controlarse. Los niños pequeños, cuando se descontrolan, hacen una pataleta, tiran cosas, pegan, dan patadas o muerden. Esto mismo hacen los chicos mayores descontrolados, pero además aprenden a manipular a sus padres con su mayor bagaje lingüístico y con la psicología suficiente para herirlos con sus palabras. Otros niños, tanto pequeños como mayores, se limitan a cerrarse en banda o a esconderse, tanto literal como figuradamente, impidiendo que nadie se les acerque y sufriendo a solas.

La cuestión es que todos los niños pierden el equilibrio

emocional. Puede pasar con más o menos frecuencia, pero perder el control forma parte de la infancia. Si tu hijo nunca se enfada ni pierde los estribos, tienes de hecho un motivo de preocupación. Algunos niños controlan mucho sus emociones y nunca se agobian, pero si van demasiado lejos por ese camino se arriesgan a bloquearse, a perder la vitalidad de una vida emocionalmente equilibrada. La infancia consiste en aprender a experimentar un amplio abanico de emociones con diferentes intensidades y eso implica necesariamente perder el control a veces, cuando la intensidad de la emoción supera la capacidad de pensar con claridad. ¡Bienvenido a ser humano!

La falta de equilibrio y los arrebatos frecuentes se deben a muchas cosas:

- La etapa del desarrollo
- El temperamento
- Un trauma
- Problemas de sueño
- Mal procesamiento sensorial
- Problemas de salud
- Discapacidad cognitiva, trastornos del aprendizaje y de otro tipo
- Cuidadores que potencian la angustia o son indiferentes
- Desajuste entre las demandas del entorno y las capacidades del niño
- Trastornos mentales

Estas causas afectan a los niños en diversos grados, pero los resultados, una vez más, son reconocibles: caos emocional en forma de ira explosiva (gritos, arrebatos irrespetuosos, ansiedad intensa) o retirada e inflexibilidad (cerrarse en banda, depresión y autoaislamiento). Fíjate en que estos conjuntos de respuestas desequilibradas son como dos orillas, una a cada lado del flujo central de un río de equilibrio integrador: una orilla es un caos, la otra es la rigidez. El equilibrio es aprender a descender por esa corriente central de ser flexible, adaptable, coherente (resistente en el tiempo), estable y de estar motivado.

Por esa razón el equilibrio es el primero de los cuatro elementos fundamentales del cerebro afirmativo. En realidad, los otros tres (resiliencia, perspicacia y empatía) dependen de que nuestros hijos sean capaces de demostrar hasta cierto punto equilibrio y control emocional. De hecho, todo lo que queremos enseñarles, sumado a todos los resultados que nos gustaría ver (relaciones significativas con la familia y los amigos, sueño reparador, éxito en la escuela, felicidad en general) dependen del equilibrio. Es más, cuando los niños están descontrolados no pueden aprender. Es inútil intentar aleccionar a un niño en plena rabieta. Apenas puede oírte y mucho menos obedecer órdenes o tomar decisiones sensatas acerca de cómo responder a sus sentimientos.

Todo lo que queremos enseñar a nuestros hijos, sumado a todos los resultados que nos gustaría ver (relaciones significativas con la familia y los amigos, sueño reparador, éxito en la escuela, felicidad en general) dependen del equilibrio. Por lo tanto, una de nuestras funciones fundamentales como padres, tengan la edad que tengan nuestros hijos, es ayudarlos a ser más equilibrados.

En pocas palabras, el equilibrio es crucial en todos los aspectos para nuestros hijos. Cuando un niño está desequilibrado y descontrolado, sea por lo que sea, el comportamiento agresivo lo hace todo más difícil para todos y más estresante, especialmente para el mismo niño. Por lo tanto, una de nuestras funciones fundamentales como padres, tengan la edad que tengan nuestros hijos, es ayudarlos a ser más equilibrados mediante la «corregulación». Es decir, apoyándolos mientras recuperan la compostura emocional y enseñándoles las habilidades que los ayudarán a permanecer en equilibrio y controlados con más facilidad en el futuro. Veamos cómo puedes hacerlo.

El equilibrio es una habilidad aprendida

A pesar de su descontrol en el terreno de juego, Teddy no tiene necesariamente un trastorno del estado de ánimo o un desorden del comportamiento que requiera una intervención terapéutica a largo plazo o un tratamiento médico. Y, desde luego, no necesita una respuesta del cerebro negativo de su padre, o sea, que Alex lo castigue o lo humille por haber perdido el control. En lugar de eso, lo que a Teddy le hace falta es que su padre le dé una respuesta del cerebro afirmativo centrada en ayudarlo a conseguir el equilibrio emocional, desarrollando nuevas habilidades para autocontrolarse.

Eso fue lo que Tina le explicó a Alex cuando este acudió a su despacho. En el caso de algunos niños hace falta intervención profesional, porque los ayuda mucho a ampliar su «ventana de tolerancia» y a ser más capaces de controlarse mental y físicamente. «Ventana de tolerancia» es una expresión que acuñó Dan. Consiste en la amplitud del radio de activación del cerebro dentro del cual funcionamos bien. Superado ese margen, nuestro cerebro se vuelve caótico. Por debajo de él, empezamos a ser rígidos. Cuando la ventana de una determinada emoción, como la tristeza o la rabia, es muy estrecha, en ese estado es fácil saltar a la mínima provocación. Con otra emoción, como pueda ser el miedo, el mismo niño tal vez sea bastante tolerante antes de caer en el caos o en la rigidez.

La ventana de tolerancia de un niño es estrecha por muchas razones. El comportamiento de Teddy, por ejemplo, puede indicar un trastorno de procesamiento sensorial, déficit de atención (TDA), algún trauma en el pasado u otra cosa que pudiera estrechar su ventana para la frustración. En este caso, podría beneficiarse de la evaluación y la intervención. Sin embargo, como Tina le explicó a Alex, lo que necesitaba Teddy fundamentalmente era desarrollar su capacidad de autocontrol. Su comportamiento, como cualquier comportamiento, era de hecho una forma de comunicación, y estaba gritando (a su padre y a cualquiera que estuviera en el terreno de juego) que no tenía todavía las estrategias ni la capacidad necesarias para permanecer sereno y controlar sus propias emociones y acciones. Tina trabajó con Alex, y con Teddy, desarrollando varias de estas habilidades para no perder el control y contribuir a ampliar sus ventanas de tolerancia (como expondremos luego).

El comportamiento es de hecho una forma de comunicación.

Tener una mente equilibrada es ser capaz de conseguir estabilidad emocional y dominarse física y mentalmente, de considerar nuestras opciones y tomar las decisiones correctas siendo flexibles y de recuperar rápidamente la estabilidad después de pasar por momentos difíciles o sentimientos desagradables. Es el fundamento de la serenidad. Mantener el control mental y emocional y las conductas y manejar bien las sensaciones y las circunstancias difíciles. Cuando nos salgamos algunas veces de nuestra ventana de tolerancia, algo a lo que la vida nos obliga de vez en cuando, saber regresar al equilibrio emocional. A eso nos referimos cuando hablamos de equilibrio.

Por decirlo de otra manera, los niños con una mentalidad equilibrada demuestran flexibilidad de respuesta. Inmediatamente después de perder el control cuando les pasa algo que no les gusta, se adaptan. Son capaces de tomarse un momento y pensar el mejor modo de responder a la situación. En lugar de tener una reacción rígida y prácticamente involuntaria a las circunstancias, el niño se da cuenta de que tiene opciones y de que puede tomar una buena decisión con una cierta flexibilidad (dependiendo de su edad y de su etapa de desarrollo, por supuesto). No tiene nada de malo que Teddy sienta frustración, rabia y decepción. De hecho, que sienta todo eso es bueno y saludable. Recuerda, una vida con sentido es una vida emocional. Todavía tiene que desarrollar la capacidad de responder de un modo productivo y sano a esas emociones, pero sin dejar de sentirlas. Una mente equilibrada es capaz de sentirlas, expresarlas adecuadamente y, con flexibilidad, recuperarse y no permitirles que la dominen y lleven la batuta.

El cerebro de los niños muy pequeños aún no está lo bastante desarrollado para que tengan la capacidad de mantener el equilibrio emocional. (Por esa razón alguien acuñó las expresiones «los terribles» para los niños de dos años, «los que todo lo prueban» para los de tres y «los que se frustran» para los de cuatro.) Puesto que su cerebro superior todavía no se ha desarrollado por completo, una de nuestras funciones como padres es usar el nuestro, plenamente desarrollado, para ayudarlos a recuperar el equilibrio. Ahí entra en juego la «corregulación». Los ayudamos a serenarse con nuestra presencia tranquilizadora. Eso les da la seguridad de estar a salvo y de que estaremos a su lado en esos momentos en que las emociones virulentas los apabullen.

Hablaremos de esta idea ampliamente más adelante, en el tercer capítulo, pero la clave para ayudar a tus hijos cuando pierden los papeles es proporcionarles esta presencia cariñosa y tranquilizadora. La mayoría de las veces, los niños se portan mal porque no son capaces de controlar sus emociones, no porque no quieran hacerlo. Así que antes de intentar darles lecciones o hablarles de lo que quieres de ellos o de lo que deberían o no deberían hacer, necesitan que los ayudes a recuperar el equilibrio. Esto se consigue con la cercanía, sosteniéndolos, calmándolos, escuchándolos, empatizando con ellos y ayudándolos a sentirse seguros y amados. Así es como recuperan la serenidad. Entonces, y solo entonces, tiene sentido hablar con ellos acerca del comportamiento apropiado o de controlarse mejor en adelante.

No olvides que a los niños no les gusta no ser capaces de dominarse. Descontrolarse los asusta. Podemos ayudarlos a recuperar el equilibrio emocional. Si les falta nuestra ayuda, los dejamos enfrentándose solos al desequilibrio emocional intenso y estresante. Es entonces cuando aparece la temida rabieta: «¡A mi pez de galleta se le ha roto la cola! ¡Es lo peor que me ha pasado nunca! ¡Pónsela! ¡Pónsela!» Esta respuesta furiosa, intensa, es apropiada a ciertas edades desde el punto de vista del desarrollo. Pero a medida que los niños crecen y se desarrollan, podemos conseguir que sea seguro para ellos experimentar una amplia gama de emociones, incluso intensas, y luego ayudarlos a recuperar el equilibrio de manera flexible, para que puedan disfrutar de los beneficios de una mentalidad afirmativa.

El equilibrio y la zona verde

He aquí una buena manera de pensar en la ventana de tolerancia. Es posible que recuerdes haber estudiado en las clases de ciencias, hace mucho, el sistema nervioso autónomo. Dos son las ramas del sistema nervioso más evolucionadas: el sistema nervioso simpático (que funciona como el pedal del acelerador, para acelerar y amplificar nuestra excitación emocional y física, aumentar el ritmo cardíaco y el ritmo de respiración, así como el tono muscular que nos permite levantarnos y movernos) y el sistema nervioso parasimpático (que funciona más bien como los frenos, calmándonos y disminuyendo la excitación de nuestro sistema nervioso para que respiremos más despacio y nuestros músculos se relajen). Cuando estamos en un entorno seguro, estas dos ramas interactúan con normalidad de un modo que explica muchas cosas acerca de los diversos estados por los que pasamos durante el día. Cuando te duermes en la reunión de la tarde, tienes más actividad parasimpática, y cuando te frustras y te pones tenso mientras soportas el tráfico de camino a casa, o cuando te enfadas con tus hijos, tienes más actividad simpática. El investigador Stephen Porges ha desarrollado lo que él llama la teoría polivagal para explicar cómo la excitación de nuestro sistema nervioso afecta a nuestro organismo y a nuestros sistemas de participación social.

Un sencillo modelo explica visualmente esta idea. Muchos son los expertos que han usado diversas variantes de este modelo, que se centra simplemente en tres zonas en las que tu hijo puede estar en un momento dado.

Cuando las dos ramas del sistema nervioso están en equilibrio, nos controlamos bien. Llamamos a este estado la «zona verde»; tiene el dominio el cerebro afirmativo. Uno está dentro de la ventana de tolerancia. Cuando un niño está en la zona verde se controla física y mentalmente, controla su comportamiento. Está sereno; el acelerador simpático y el freno parasimpático colaboran entre sí. Se siente tranquilo y no pierde los estribos, aunque se enfrente a una adversidad o sienta emociones negativas como la frustración, la tristeza, el miedo, la rabia o la ansiedad. (Este libro es en blanco y negro, pero la imagen de la página siguiente bastará para que te hagas una idea.)

A veces, sin embargo, las cosas no le van bien y lo que siente lo abruma. Eso implica que la intensidad de la emoción ha superado los márgenes de la ventana de tolerancia. Para una niña pequeña puede deberse a que no puede tener otro polo o a que sus amigas la excluyen en el patio o a que la frustra mucho seguir cayéndose mientras aprende a montar en bicicleta. Para una niña mayor, podría tener que ver con lanzar mal la pelota, sacar mala nota o enojarse con un hermano. Como nos pasa a todos en la vida, no tiene lo que quiere o tiene pánico, rabia, está frustrada o avergonzada. En pocas palabras, le cuesta mucho más mantener la serenidad y quedarse en la tranquila y satisfecha zona verde.

Así que pasa a la zona roja. Eso es lo que le pasaba a Teddy, que era un visitante habitual de la zona roja. Alex veía las señales físicas de esa zona roja que aparecían cuando Teddy tenía pisado a fondo el pedal del acelerador. Las pulsaciones le aumentaban y tenía la respiración agitada. Entornaba los ojos o los abría mucho. Apretaba la mandíbula, cerraba los puños y tensaba la musculatura. Su temperatura corporal aumentaba y enrojecía o le salían manchas rojas en la piel. La manera científica de describir esta zona roja es que el sistema nervioso autónomo del niño entra en un estado de hiperexcitación, activando una respuesta de estrés agudo. Su cerebro inferior toma el mando de sus emociones y de su organismo, por lo tanto, de su conducta. El resultado puede ser una rabieta, o que ataque a quienes lo rodean, o que lance objetos, o una combinación de todo esto y más. Los comportamientos típicos de la zona roja también pueden ser gritos, mordiscos, agresión física o verbal, temblores, llanto, risas inapropiadas y otros. Si eres como la mayoría de los padres, ahora mismo puedes imaginar lo que haría tu hijo en la zona roja.

El paso a la zona roja es la pérdida de control. Es un estado negativo del cerebro que explica lo que les sucede a los niños (y a veces a los adultos, que describen adecuadamente la experiencia como «verlo todo rojo») cuando actúan de un modo impropio de ellos. De hecho, muchos problemas conductuales por los que se castiga a los niños son en realidad síntomas de la zona roja, en la que ellos no escogen comportarse como lo están haciendo; simplemente han perdido el control y no pueden tomar buenas decisiones ni «dejar de gritar» ni «calmarse inmediatamente». Las suyas son las respuestas del cerebro negativo.

Así que a Alex y Tina se les ocurrió una respuesta de cuatro partes a la situación de Teddy. Primero, le enseñaron qué es la zona roja. En segundo lugar, le enseñaron técnicas para tranquilizarse, como la de respirar más lentamente. En tercer lugar, le hicieron practicar la respuesta a la frustración tolerable con muchos juegos de rol y de mesa en los que las cosas no siempre le salían bien, pero en el contexto de un juego sin riesgos. Las pequeñas frustraciones lo prepararon para manejar mejor las grandes, como perder un partido de fútbol. Así le estaban enseñando a ampliar su ventana de tolerancia a la frustración. Finalmente, Tina trabajó con Alex primero calmando y reconfortando a Teddy cuando se enojaba y luego se ocupó del control del comportamiento una vez que Teddy pudo calmarse y escuchar lo que su padre le decía. (Trataremos cada una de estas estrategias en detalle en diferentes partes del libro, por cierto.)

En ocasiones, sin embargo, los niños se enfadan pero no entran en la zona roja. A veces la falta de equilibrio los manda a la zona azul. En este caso las estrategias de defensa no son las de lucha o huida de la zona roja, sino más bien las de parálisis o desmayo. En la zona azul, un niño no responde a una situación negativa actuando sino apagándose. La respuesta se produce en diversos grados. Algunos niños simplemente se retraen emocionalmente, se callan y se aíslan de los demás, que se ven incapaces de ayudar. Otros se apartan físicamente de la situación. Algunos entran en un estado extremo de disociación, que consiste en la desconexión entre los sentimientos y los pensamientos o incluso las sensaciones físicas. La disociación es más probable en caso de haber sufrido un trauma.

Los síntomas físicos de la parálisis o el desmayo de la zona azul son el descenso del ritmo cardíaco y de la presión sanguínea, la respiración lenta, postura y musculatura laxas y falta de contacto ocular. Es algo parecido a lo que hace una zarigüeya para protegerse del peligro: finge estar muerta. Cabe también la posibilidad de que nos encontre-

Una respuesta del cerebro negativo incrementa
la frustración del niño.

Una respuesta del cerebro afirmativo tranquiliza
y ayuda al niño a aprender estrategias.

mos ante una respuesta de parálisis: los músculos tensos, aumento de las pulsaciones y una falta de movimiento temporal, una inmovilidad que corresponde a un estado de activación pero sin movimiento. La respuesta de la zona azul es hacia dentro, no estalla hacia fuera. Mientras que la zona roja representa la hiperexcitación del sistema nervioso autónomo, la zona azul se puede ver como una especie de hipoexcitación que pisa el pedal de freno de distintas maneras: la respuesta débil apaga la fisiología interna y la parálisis impide el movimiento. Los niños entran en la zona azul cuando no ven una salida a una situación que les resulta incómoda, temible o peligrosa.

Rara vez es una «elección» acerca del estado en el que deben estar. El sistema nervioso determina automáticamente la respuesta más adaptativa a la situación en función de muchos factores, entre otros las circunstancias presentes, el recuerdo de experiencias pasadas y el temperamento innato.

Las personas responden de muchas maneras a las situaciones difíciles y las emociones intensas. Estamos simplificando mucho para explicar nuestro punto de vista. La idea principal, sin embargo, es que los niños situados en la zona verde generalmente se comportan bien, toman las decisiones correctas y mantienen el equilibrio y el control de sus emociones y sus actos. Permanecen dispuestos a interactuar con el mundo que los rodea de forma saludable y significativa, y son más receptivos al aprendizaje. Trabajan dentro de la zona verde de su ventana de tolerancia. Cuando una emoción los abruma o se sienten amenazados por el entorno, reaccionan entrando en la caótica y explosiva zona roja o en la rígida y paralizante zona azul. Sea como sea, son incapaces de mantener la serenidad y de comportarse bien, mientras que en la flexible zona verde encuentran maneras nuevas y productivas de responder a los desafíos del momento, porque están dentro de su ventana de tolerancia. Todos los niños entran en algún momento en la zona verde o en la azul; lo hacen los niños (y los adultos), así que deberíamos animarlos a experimentar el abanico entero de sus emociones. Pero los niños que tienen el recurso interno de una zona verde amplia y robusta pueden sentir frustración, decepción, tristeza y miedo sin salir de ella. Tienen un amplio conjunto de ventanas de tolerancia para un amplio espectro de experiencias emocionales, incluso las intensas. Son equilibrados y adaptables al desafío y la adversidad.

Todo lo dicho nos lleva a una conclusión evidente para los padres: si queremos ayudar a nuestros hijos a ser más equilibrados, para que mantengan la serenidad y superen las dificultades de la vida con más elegancia y compostura, tenemos dos cosas que hacer fundamentalmente: ayudarlos a volver a la zona verde cuando se enfadan y a ampliarla progresivamente. De este modo les haremos el regalo de un amplio conjunto de ventanas desde dentro de las cuales experimentar el mundo.

> Si queremos ayudar a nuestros hijos a ser más equilibrados, para que mantengan la serenidad y superen las dificultades de la vida con más elegancia y compostura, tenemos que ayudarlos a volver a la zona verde cuando se enfadan y a ampliarla progresivamente.

En el tercer capítulo hablaremos de cómo construir y ampliar la zona verde de tus hijos.

Ahora, sin embargo, vamos a centrarnos en lo que puedes hacer para ayudarlos a volver a ella y quedarse allí.

¿Hasta qué punto es equilibrado tu hijo?

Piensa en él en términos de flexibilidad emocional y equilibrio conductual. Pregúntate algunas cosas acerca de lo robusta que es la zona verde de tu hijo, qué desafíos y emociones fuertes le afectan típicamente y para qué emociones tiene la ventana más estrecha y para cuáles más ancha.

Como ya hemos dicho, es natural que los niños pierdan los estribos a veces. Por lo tanto, es importante que los padres piensen qué desencadena esas conductas negativas en cada niño y en cómo ayudarlo a recuperar la serenidad cuando se descontrola y eso da lugar a reacciones desproporcionadas y caóticas propias de la zona roja o al inmovilismo y la rigidez de la zona azul. Basándonos en el trabajo de Bruce McEwen's sobre el estrés tóxico, hemos planteado preguntas que venimos usando en nuestra consulta desde hace años para ayudar a los padres a descubrir cómo ayudar a sus hijos cuando están en apuros. Piensa en los tuyos y pregúntate:

• ¿Hasta qué punto es amplia la zona verde de mi hijo para determinadas emociones? En otras palabras, ¿con qué facilidad maneja la incomodidad, el miedo, la ira y la desilusión? Teniendo en cuenta su edad y su etapa del desarrollo, ¿puede lidiar con los reveses sin desviarse rápidamente hacia la zona roja o la azul?

- ¿Con qué facilidad abandona mi hijo la zona verde? Qué tipo de emoción o de situación hace que pase a la zona roja caótica o a la rígida zona azul? Teniendo en cuenta, una vez más, su edad y su etapa del desarrollo, ¿lo desestabilizan los problemas sin importancia enviándolo fuera de la zona verde hacia el descontrol emocional?
- ¿Hay detonantes típicos para su descontrol? ¿Tienen que ver esos detonantes con necesidades físicas, como tener hambre o estar cansado? ¿Le faltan habilidades sociales o emocionales y necesita practicarlas?
- ¿Hasta qué punto se sale mi hijo de la zona verde? Cuando entra en la zona roja o en la azul, ¿hasta qué punto es intensa su reacción? ¿Hasta qué punto se vuelve caótico o rígido cuando está fuera de la zona verde?
- ¿Cuánto tiempo permanece fuera de la zona verde? ¿Con qué facilidad vuelve a ella? ¿Hasta qué punto es resiliente? Cuando se descontrola, ¿cuánto le cuesta recuperar la serenidad y el control?

Trataremos estos temas e ideas durante el resto del capítulo (y del libro) porque, si puedes evaluar con mayor precisión las habilidades y el temperamento únicos de tu hijo, podrás aplicar mejor las estrategias que proponemos. Todo lo que decimos aquí tiene como objetivo ayudar a tus hijos a lograr un mayor equilibrio a corto plazo —haciéndote la vida cotidiana más fácil y pacífica— y ayudarte a enseñarles habilidades para toda la vida que les permitirán pasar más tiempo en la zona verde y convertirse en adolescentes y adultos con autocontrol, capaces de vivir tranquilos, con serenidad.

Dan ayudó a una joven madre a experimentar los beneficios de un cerebro afirmativo a corto y largo plazo. La madre acudió a él porque, incluso tras un período de adaptación de semanas, lento y meticuloso, su hijo de preescolar se desesperaba cada vez que se separaba de ella. Los demás niños se habían acostumbrado a despedirse de sus padres, pero la enorme ansiedad que le causaba la separación al suyo le estaba creando graves problemas cuando llegaban al colegio. Prometía que iría a la escuela, y él y su madre hacían planes proactivos detallados, pero a las ocho, cada mañana, entraba en la zona roja. Cuando llegaban al punto de reunión se ponía a gritar, escupir, morder e incluso se rasgaba la ropa.

La pobre madre, muy preocupada, le pidió ayuda a Dan. Cuando se trataba de alejarse de ella, la zona verde de su hijo era estrechísima, prácticamente inexistente. Perdía el control inmediatamente con ese detonante en particular y se adentraba profundamente en la zona roja, incapaz de recuperar la serenidad hasta que su madre le prometía no dejarlo.

Lo que hizo Dan con esta madre fue enseñarle básicamente lo que explicamos en el resto de este capítulo. Empezó por hacerle entender que su presencia era la mejor estrategia que tenía su hijo para no perder el control. El

Todo lo que decimos aquí tiene como objetivo ayudar a tus hijos a lograr un mayor equilibrio a corto plazo —haciéndote la vida cotidiana más fácil y pacífica— y ayudarte a enseñarles habilidades para toda la vida que les permitirán pasar más tiempo en la zona verde y convertirse en adolescentes y adultos con autocontrol, capaces de vivir tranquilos, con serenidad.

problema era que, cuando ella se iba, al niño no le quedaba ninguna otra estrategia efectiva para mantenerse en la zona verde. El contacto con su madre lo mantenía sereno. A ella llegaba a molestarle lo opresiva que era la necesidad de su hijo, pero Dan le explicó que su necesidad de estar con ella era su mejor estrategia adaptativa para afrontar el miedo y la ansiedad. Al igual que un bebé que llora o un niño que corre hacia su padre cuando escucha un ruido aterrador, su hijo confiaba en ella para ayudarlo a tolerar el estrés de la situación y lidiar con su caos interno y su desequilibrio. Esta estrategia tenía sentido, pero debido a que carecía de otras habilidades y estrategias para regular sus emociones y tolerar la separación, resultaba angustiosa tanto para él como para su madre.

Una respuesta surgida de un cerebro negativo habría basado el «éxito» en la obediencia del niño, independientemente de la angustia que experimentara. Habría recurrido a la vergüenza («ninguno de los otros niños necesita a su mamá») o a minimizar los sentimientos del niño («eres un niño mayor, no tienes por qué estar triste»). Dan, en cambio, ayudó a la madre a ofrecerle a su hijo un enfoque surgido del cerebro afirmativo que reconocía, respetaba y respondía a las emociones del pequeño. Primero, madre e hijo escribieron e ilustraron un libro sobre lo difícil que es despedirse por la mañana, pero lo divertida que es la escuela una vez se llega allí. Luego practicaron separaciones durante períodos muy cortos en lugares donde el niño se sentía cómodo y seguro, incrementando gradualmente el tiempo y haciendo la separación más tolerable. También hablaron sobre la «postura de valiente» y cómo se siente

Una respuesta del cerebro negativo aumenta la angustia.

Una respuesta del cerebro afirmativo se centra en los sentimientos del niño y en la construcción de estrategias.

uno diferente si la adopta que cuando elige la «postura de preocupado»; practicaron la «postura de valiente». Finalmente, pidieron ayuda a su maestra, que se ofreció a reunirse con ellos en el círculo y permitir que su madre se quedara con él al principio. Luego, poco a poco (en la medida que el niño fue tolerándolo), ella se fue alejando hasta marcharse durante períodos de tiempo cada vez más largos, ampliando progresivamente su ventana de tolerancia a la separación. Haciendo esto, la madre pudo reconocer y respetar la experiencia y las emociones de su hijo.

Este método tuvo éxito con este niño, pero cada pequeño es diferente. La cuestión no es memorizar una serie determinada de pasos, sino ayudar a los niños a desarrollar estrategias y crear el espacio y las oportunidades para fomentar que tengan un cerebro más equilibrado. La base para ayudar a tus hijos a ser más equilibrados (y resilientes y amables y éticos) es tu relación con ellos. Todo, y siempre, empieza con las relaciones.

La integración en la relación padres-hijos

Antes hemos dicho que la integración dentro de un cerebro conduce a que ese cerebro sea afirmativo. Hemos dicho que la integración se da cuando cada área del cerebro hace su trabajo, pero las distintas partes se unen para realizar tareas con más efectividad de la que conseguirían cada una por su cuenta. Lo mismo es aplicable a la relación de un padre o una madre con sus hijos.

La integración se da cuando las partes diferenciadas

están vinculadas. Por ejemplo, en una relación interpersonal, cada cual mantiene su propia individualidad mientras trabaja en conjunto como un todo coordinado. Esta clase de integración no es lo mismo que mezclarlo todo o hacerlo todo igual y homogéneo. La integración tiene la característica esencial de conservar las diferencias y establecer conexiones que no borren esas diferencias. Esa es una de las razones por las cuales las relaciones saludables e integradas son un reto tan grande: requieren que seamos diferentes, pero estando vinculados.

Esto es particularmente importante en las relaciones padres-hijos. Un padre o una madre tenemos una relación muy estrecha con nuestro hijo o hija, pero respetando también las diferencias, fomentando una integración saludable. Lo ideal sería esto cuando un niño se enfada. A lo mejor tu hijo de tres años se enfurece porque le dices que no puede seguir viendo el programa de televisión porque se le ha acabado el tiempo asignado para estar delante de la pantalla. Cuando pasa a la zona roja y empieza a rabiar, inmediatamente empatizas con él, para que se sienta comprendido y escuchado. Usando un tono comprensivo y una expresión amable, tus palabras serían algo como: «¿De verdad quieres ver otro capítulo? ¿Estás nervioso y triste? Sí, es difícil. Lo entiendo. Me tienes aquí.»

No cambias de opinión respecto a ver el programa, pero él sabe que le escuchas y que puede contar contigo. Esta es la parte vinculante de la integración. Vinculando cerebro con cerebro, estás profundamente en sintonía con el estado emocional de tu hijo y le ofreces una respuesta de contingencia cuando se tranquilice y empiece a serenarse. «De contingencia» significa que te comunicas con él directamente de un modo afirmativo respondiendo a lo que te está comunicando a ti. El resultado de este vínculo en sintonía —en el que sintonizas con su estado interno, no solo con su conducta externa— es que te das cuenta de cuándo está entrando en la zona roja o en la zona azul para caer en la desesperación y la indefensión y puedes ayudarlo. En lugar de reaccionar solo a sus actos, centras la atención en cómo está su mundo interior —rojo, verde o azul— y te comunicas con ese estado interno de tu hijo. También le estás prestando ayuda y contribuyendo a que practique para tolerar los sentimientos difíciles. Además, le estás demostrando que eres capaz de controlar tus emociones aunque él no lo sea. Estará aprendiendo a ensanchar su ventana de tolerancia gracias a tu comunicación en sintonía con él.

Hemos tratado esta idea en profundidad en otras obras, sobre todo en nuestro libro *Disciplina sin lágrimas*. Como explicamos en él, la disciplina consiste en enseñar y contribuir al desarrollo de estrategias de modo que, con el tiempo, ya no haga tanta falta disciplinar a los niños, porque ya disponen de las estrategias para ser disciplinados. Puesto que la esencia de la disciplina es la enseñanza, los niños deben estar en un estado mental que les permita el aprendizaje. Eso es, en la zona verde. Normalmente, el modo más eficaz de ayudar a un niño furioso a volver a la zona verde es la conexión con él. Todos los niños son diferentes y siempre queremos ser conscientes de las diferencias individuales y de desarrollo, pero, en buena parte, y en la mayoría de los casos, cuando un niño pierde el control, la respuesta parental más efectiva (para la cordura de todos e incluso por disciplina eficaz) es conectar con él y redirigirlo.

Esta estrategia requiere que conectemos primero —antes de intentar dar una lección o de abordar el comportamiento o la resolución del problema—. Tal como haríamos si nuestro hijo hubiera sufrido un daño físico, queremos consolarlo cuando está sufriendo emocionalmente. Conectar significa ofrecer empatía y una presencia tranquilizadora mediante la afectuosidad, las expresiones faciales de comprensión y las palabras cariñosas y comprensivas. Funciona incluso mejor si nos sentamos relajadamente situándonos por debajo del nivel de la mirada de nuestro hijo y le decimos con empatía: «Me tienes aquí.» Esta clase de conexión ayuda al niño a volver a la zona verde, donde se tranquiliza y se vuelve más receptivo a lo que tenemos que decirle. Luego podemos redirigirlo hacia una conducta más apropiada y hablarle de otras estrategias a las que recurrir la próxima vez que se encuentre en una situación parecida. Aquí establecemos límites que ayudan a nuestros hijos a sentirse seguros y a responsabilizarse de su comportamiento, lo que implica hacer las cosas bien y reparar las consecuencias. Rste es el enfoque conectar-redirigir, en pocas palabras, y depende en gran medida de que estemos vinculados con nuestro hijo y de que sintonicemos con sus sentimientos.

Sin embargo, una respuesta parental afirmativa también deja margen para el distanciamiento. En otras palabras, no te interesa inclinar tanto la balanza de modo que, en lugar de tener dos personas diferentes vinculadas, te identifiques demasiado con tu hijo. Esta falta de equilibrio en la relación, en la que te identificas completamente con tu hijo, puede causarle problemas de equilibrio al niño. Es importante remarcar que el equilibrio de la integración no implica que te distancies de tu hijo o que dejes de amarlo. Simplemente significa que podemos fomentar tanto el vínculo como la separación como partes fundamentales del amor y el apoyo. Se trata de una distinción importante, así que veamos un ejemplo.

Cuando un niño se cierra en banda o se descontrola, lo que tenemos que hacer no es hacernos partícipes de sus emociones ni rescatarlo completamente de ellas o impedir incluso que se enfrente a cualquier dificultad. En lugar de ir corriendo a buscar el pegamento para pegarle la cola al pez o al supermercado a comprar otra caja de galletas, te mantienes vinculado y en sintonía con el niño, pero también sin identificarte con él: «Ya lo sé, cariño. Estás enfadado porque se ha roto el pez, ¿verdad? Es una lata.»

El resultado es que, aunque no has «arreglado» inmediatamente su problema, nota tu empatía y que estás profundamente conectado con él, lo que le permite volver a un estado de equilibrio y serenidad. De hecho se siente más seguro si nota esa diferencia entre tú y él y te sabe capaz de contener su descontrol sin descontrolarte. Tú y tu cerebro superior que funciona bien lo ayudáis a activar el suyo para volver a la zona verde. Con este tipo de corregulación le permites experimentar sus sentimientos ofreciéndole al mismo tiempo una red de seguridad, un «lugar blando donde caer», de modo que no se quede solo con su angustia.

Imagina si abandonaras tu estado de integración para

que coincidiera con su estado de desregulación. Eso sería un exceso de vinculación, un déficit de diferenciación. En ese caso, si estuviera llorando, te echarías al suelo y romperías a llorar también. Mucha empatía sin distanciamiento. En cambio, lo acompañas en su frustración y caos emocional sin rescatarlo inmediatamente y luego lo guías de regreso al equilibrio de la zona verde con tu presencia, tu contacto y tu empatía. El distanciamiento en la relación le permite experimentar las inevitables emociones difíciles de la vida, pero con el vínculo permaneces lo suficientemente conectado como para mantenerlo a salvo y ayudarlo a recuperar el equilibrio. Esta es la capacidad de la integración para fomentar el bienestar en nuestra vida. Y este es el arte de ser unos padres con mentalidad afirmativa.

Nuevamente, este sería el ideal: mantener el suficiente distanciamiento para permitir que los niños pasen por experiencias difíciles y experimenten sus sentimientos, pero seguir lo bastante vinculados con ellos para proporcionarles los límites y la comodidad necesarios que los ayuden a volver rápidamente a la zona verde y a ir ampliándola con el tiempo. Esto es lo que llamamos el «punto óptimo del cerebro afirmativo».

El punto óptimo del cerebro afirmativo: ¿mantienes un equilibrio firme?

Lo ideal, puesto que todas nuestras reacciones y respuestas a nuestros hijos contribuyen a construir o a impedir el crecimiento de su cerebro afirmativo, sería que pu-

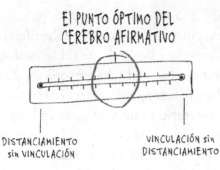

EL PUNTO ÓPTIMO DEL CEREBRO AFIRMATIVO

DISTANCIAMIENTO sin VINCULACIÓN

VINCULACIÓN sin DISTANCIAMIENTO

RANGO DE INTEGRACIÓN

diéramos dar la mayoría de las veces con el punto óptimo y ofrecer el grado justo de vinculación y el grado justo de separación. Sin embargo, no hay crianza ideal. Nadie educa a sus hijos de manera óptima en todo momento. A menudo respondemos de un modo que no integra.

En un extremo del rango de integración están los padres completamente distanciados de sus hijos. Desdeñan sus emociones y responden a sus desequilibrios emocionales quitando importancia a lo que estos sienten o criticándolos por ello. El resultado es que los niños tienen que lidiar solos con sus problemas, incluso con los que no están capacitados para resolver dado su grado de desarrollo.

No solemos darnos cuenta del daño que hacemos cuando condenamos y menospreciamos a nuestros hijos y sus sentimientos. Cuando somos distraídos con ellos, los negamos o los degradamos; cuando los culpamos o les echa-

La crianza descuidada tiende a:

Minimizar

Criticar/Avergonzar

Mantener la distancia

mos un sermón; cuando nos alejamos o los avergonzamos por sus sentimientos; cuando respondemos a sus emociones con cualquiera de estas respuestas en realidad los estamos castigando por tener sentimientos saludables y humanos y por expresar lo que les está pasando interiormente. Esto puede dar como resultado el embotamiento de las emociones y que los niños aprendan que no deberían compartir sus sentimientos y sus experiencias.

En lugar de recibir ayuda para volver a la zona verde y de aprender estrategias que les serán útiles cuando experimenten sentimientos fuertes, se quedan en un estado de alteración sin ningún apoyo. Así que tienen dos opciones: enfurecerse más y abandonar la zona verde o aprender a ocultar lo que sienten. El distanciamiento sin el suficiente vínculo obliga a los niños a capear el temporal emocional sin ninguna ayuda. No es de extrañar que no logren alcanzar el equilibrio emocional y conductual.

El otro extremo del rango de integración es también problemático y se da cuando los padres están demasiado vinculados a su hijo sin distanciarse lo bastante de él. A veces lo llamamos «dependencia emocional». Eso pasa cuando un padre o una madre no respetan la individualidad de los hijos. Se produce entonces el fenómeno conocido como «padres helicóptero». Por ejemplo, la madre destrozada y que se siente herida porque su hijo de cuatro años pasa por una fase en la que solo quiere que lo acueste su padre, o el padre que le hace los deberes de secundaria al suyo o que participa un día en la clase de Infantil de su hija y es incapaz de obedecer a la maestra que le pide que deje que la niña pele el plátano sola.

A veces nos identificamos tanto que no mantenemos la suficiente distancia.

Estos son ejemplos de padres que tendrían que identificarse menos con sus hijos y distanciarse más: por el bien de sus hijos y por su propio bien. A estos padres les molesta que sus hijos experimenten emociones y deseos y expresen su individualidad. Su ventana de tolerancia para la infelicidad o los problemas de sus hijos es tan estrecha que una vez y otra actúan en su nombre y los rescatan en lugar de permitirles sentir, probar, cometer errores y aprender.

Todos, de vez en cuando, nos inmiscuimos un poco en la vida de nuestros hijos. Es una tentación surgida del amor que sentimos por ellos. A veces, hacemos más de lo debido. Les atamos los zapatos o vamos a la barra a pedirles más kétchup en lugar de dejar que lo hagan ellos. En ocasiones. tienen algún problema o se enfrentan a alguna dificultad y corremos a sacarlos del apuro, «damos la cara» por ellos, para arreglar la situación. Hablamos con el profesor. Terciamos en el conflicto con el amigo. Llamamos al entrenador.

Alguna vez tenemos que salir en defensa de nuestros hijos, por supuesto. Alguna vez tenemos que defenderlos con uñas y dientes. Que quede claro: nada es más importante que la relación con tu hijo. Si has leído algo de lo que cualquiera de nosotros dos ha escrito a lo largo de los años, ya sabes cuánto insistimos en el apego padres-hijos. En pocas palabras, es imposible «echar a perder» a los hijos con demasiado amor o atención. No te preocupes: no eres un padre helicóptero solo por el hecho de darle un montón de amor y afecto a tu hijo. En realidad, cada vez hay más estudios que indican que con el incremento en las últimas décadas de la implicación de los padres en el bienestar y el desarrollo de sus hijos los niños están ahora más sanos, son más felices y se sienten más seguros. Se meten menos en líos, dejan más tarde los estudios y les va mejor académicamente. De acuerdo con casi cualquier escala de medición, a los niños les va mejor cuando los padres ponen interés en la sintonía y la conexión en su relación con ellos.

Sin embargo, dicho esto, amar a nuestros hijos consiste en parte en evitar el extremo «vinculación sin distanciamiento» del rango de integración; en no resolverles los problemas cortocircuitando su oportunidad de aprender cómo salir de las situaciones difíciles. Tener que autogestionar el problema con un maestro o que abordar un problema con un amigo puede ser una gran oportunidad de aprendizaje. Por lo tanto, brindémosles a nuestros hijos el beneficio de practicar utilizando el cerebro superior solucionador de problemas, además de su voz y su capacidad de comunicación.

Además, si permitimos que resuelvan las situaciones por sí mismos, les estaremos enseñando que son capaces de tolerar el desasosiego. Una manera estupenda de adquirir resiliencia y confianza es tener que afrontar una situación difícil y superarla con éxito. Cuando se someten repetidamente a experiencias en las que evalúan una situación, se enfrentan al problema y encuentran posibles soluciones, en su cerebro se crean conexiones que los harán más expertos en el futuro.

Enseñemos a los niños a reafirmarse y a entender que creemos en ellos y en su capacidad para manejar por sí mismos las situaciones. Así podrán descubrir lo fuertes y lo capaces que son, aunque no lo sepan. Podrán dejar atrás una mala experiencia diciéndose: «¡Lo he conseguido!»

Dicho de otro modo: evitemos envolver a los niños en algodones. Son adorables, pero no frágiles.

Cuando envolvemos a nuestros hijos en algodones y los protegemos del desasosiego, la angustia o un posible reto, en realidad los hacemos más frágiles, menos capaces de conseguir el equilibrio por sí mismos. Tanto explícita como implícitamente les estamos diciendo: «No creo que puedas manejar la situación y necesitas que te proteja o que lo haga por ti.» Les estamos negando el privilegio de practicar el sentir, el estar incómodos, el ser perseverantes y luego encontrar una salida y ver que son fuertes e ingeniosos.

¿Quieres que tus hijos crean que crees en ellos? ¿Quieres que tengan recursos, que sean resilientes y estén emocionalmente equilibrados? ¿Quieres que adquieran valor y amplíen su capacidad de tolerancia a los retos para que puedan afrontar los desafíos? ¿Quieres que sepan que no son víctimas de sus emociones ni de sus circunstancias? Entonces déjalos sentir. Déjalos luchar con la indecisión, la incomodidad, el desánimo y la decepción.

En otras palabras, evita estar tan apegado a ellos que no les dejes espacio para ser ellos mismos. No olvides que nuestra función como padres no es rescatar a los hijos de las dificultades y los sentimientos desagradables. Nuestra función es acompañarlos en los momentos difíciles con empatía, permitiéndoles sentir, participar activamente en la resolución de los problemas y descubrir hasta qué punto son capaces. Es por nuestro profundo amor hacia nues-

tros hijos que queremos protegerlos, pero serán más
capaces de protegerse si
permitimos que ese
amor nos guíe hacia
nuestro propio co-
raje hasta sentirnos
lo suficientemente
fuertes como para de-
jarles descubrir su pro-
pia fortaleza.

> Nuestra función es acompañarlos en los momentos difíciles con empatía, permitiéndoles sentir, participar activamente en la resolución de los problemas y descubrir hasta qué punto son capaces. Es por nuestro profundo amor hacia nuestros hijos que queremos protegerlos, pero serán más capaces de protegerse si permitimos que ese amor nos guíe hacia nuestro propio coraje hasta sentirnos lo suficientemente fuertes como para dejarles descubrir su propia fortaleza.

Tu función es estar con
ellos, dispuesto a ayudarlos y a
consolarlos si se caen, permitiéndo-
les al mismo tiempo disfrutar de las importantes lecciones
que implica aprender a mantener la serenidad. Encuentra
ese punto óptimo del cerebro afirmativo, con una cantidad
saludable y apropiada de distanciamiento y de vinculación.

Horario equilibrado, cerebro equilibrado

Buena parte de lo que hemos dicho hasta ahora ha sido
acerca de ayudar a los niños a conseguir equilibrio interno
para controlarse física y mentalmente. Un factor externo
importante que contribuye al control emocional es el espacio que dejas en la vida de tu hijo para permitirle un
crecimiento y un desarrollo saludables. En otras palabras,
hay una relación clara entre un cerebro equilibrado y un
horario equilibrado que permita a los niños ser niños sin

Evita los extremos del rango de integración.

Falta de vinculación

Exceso de vinculación

tener cada segundo programado y cada momento dedicado a los deberes y a las actividades extraescolares.

En buena medida, los niños desarrollan las habilidades de control emocional con los amigos, en el juego espontáneo y durante el tiempo libre, cuando tienen ocasión de ser curiosos e imaginativos. Un horario equilibrado permite, además, pasar más tiempo con la familia y los amigos para aprender todas las lecciones que esas relaciones aportan. Incluso el aburrimiento es buenísimo para dar pie al crecimiento y el aprendizaje. Nos preocupamos mucho por los estudios de nuestros hijos, pero una de las mejores cosas que puedes hacer por su educación, cuando oyes la famosa queja en verano de «me aburro», es responderles algo parecido a: «A ver qué se te ocurre hacer en el patio. Ahí hay una pala, cinta adhesiva y una manguera rota. ¡Diviértete!»

Oímos una anécdota tremendamente ilustrativa acerca de Richard Feynman, el Nobel de Física, que contaba una amiga suya de cuando tenía catorce años. Le preguntó cómo había llegado a ser tan inteligente. Él le respondió que era muy sencillo. Desde los cuatro años, sus padres lo dejaban fuera de casa, detrás de la cual había un depósito de chatarra. El joven Feynman jugaba con máquinas y motores abandonados, y finalmente empezó a arreglar relojes. El simple aburrimiento y la necesidad de encontrar algo que hacer lo empujaron a plantearse todo tipo de desafíos mentales y al crecimiento intelectual que lo llevó a ser una de las mentes más brillantes de las últimas décadas. Nosotros no abogamos por dejar a los niños encerrados fuera de casa o sueltos a sus anchas en una chatarrería, ni prometemos que hacerlo vaya a convertir a un niño en un premio Nobel, pero animamos a los padres a dejar a sus hijos el espacio suficiente y el tiempo libre necesario para descubrir el mundo y quiénes son.

Esto encaja con lo que los jefes de la NASA y del Laboratorio de Propulsión a Reacción dicen acerca de la necesidad de cambiar su protocolo de reclutamiento. Antes ponían el énfasis en contratar a los graduados con las mejores calificaciones de las «mejores» facultades del país, hasta que empezaron a notar que muchos de estos jóvenes no eran necesariamente muy buenos resolviendo problemas. Habían aprendido a desenvolverse bien en el mundo académico y se habían ganado muchas medallas, pero su empeño en no salirse de los márgenes establecidos y trabajar bien en una cultura de «cerebro negativo» no los hacía necesariamente capaces de descubrir enfoques creativos y únicos para resolver complicados dilemas. Por lo tanto, en su proceso de reclutamiento, estas agencias comenzaron a dar prioridad a los graduados universitarios que hubieran jugado mucho o trabajado mucho con las manos durante la niñez y la adolescencia. Quienes habían construido cosas cuando eran niños, que habían jugado mucho, eran los mejores solucionadores de problemas.

Todo esto pone de relieve que, aparte de premiar y priorizar la relación con tus hijos, la otra forma fundamental para crear un equilibrio en su vida es proteger su tiempo y darles ocasión siempre que sea posible para que jueguen libremente con otros niños. Dales tiempo para explorar y descubrir, para desarrollar las importantes habilidades emocionales, sociales e intelectuales mediante el juego, aprendiendo de sus errores. Cuando cada segundo del día está programado, un niño carece de dichas oportunidades.

La ciencia del juego

Realmente no es exagerado decir que el juego libre se está convirtiendo en una actividad en peligro para muchos niños de hoy en día. En casa, el tiempo libre está abarrotado de actividades estructuradas, clases y entrenamientos. El colegio empieza cada vez más pronto, hay más clases (que exigen estar sentado más tiempo) dedicadas a mejorar la capacidad de los niños de dominar las asignaturas y sacar buenos resultados en los exámenes estandarizados, lo que les deja menos y menos tiempo para construir torres, jugar al escondite y para el juego simbólico. Además, otras fuerzas sociales contemporáneas invaden el espacio que antes era del juego: los medios de comunicación, la electrónica y similares dominan la vida y la mente de los niños.

Ninguna de estas fuerzas en competencia es intrínsecamente mala. Pero se plantea un verdadero problema porque van reemplazando el juego, realmente esencial para un desarrollo óptimo tanto de los humanos como de otros mamíferos. ¿Sabías, por ejemplo, que si la capa superior del cerebro, el córtex, no le funciona bien a una rata, el animal verá limitadas capacidades cognitivas como son la memoria y el aprendizaje pero seguirá jugando? Este descubrimiento del neurocientífico Jaak Panksepp sugiere bastante que la necesidad y el impulso de jugar están muy arraigados, que son impulsos primitivos de los mamíferos que surgen de las estructuras del cerebro inferior, como sucede en el caso de otras necesidades instintivas de supervivencia y relación. Estas regiones inferiores también influyen directamente en el crecimiento de las regiones corticales superiores, lo que permite que se desarrolle un cerebro más integrado. Otro estudio, este de Stuart Brown, que se centró en los asesinos del corredor de la muerte, encontró dos aspectos comunes en la infancia de los asesinos: sufrieron algún tipo de maltrato y se los privó del juego cuando eran niños.

Este tipo de estudios ponen de relieve la importancia que tiene, en lugar de dedicar la infancia solamente a clases de piano, campamentos de química o programas de enseñanza extraescolares, reconocer que para los niños es una necesidad fundamental poder ser simplemente niños y jugar. La música, la ciencia y los estudios son importantes, claro que sí, y también hay tiempo para las «pantallas». Obviamente, no estamos en contra de que los niños dominen una habilidad. Si hay una profunda pasión por un talento en particular, hay que perseguirla. Pero no a costa de privar a los niños de la oportunidad de imaginar y ser curiosos y, simplemente, jugar, todo lo cual les permitirá crecer, desarrollarse y descubrir quiénes son. Plantéatelo así: el juego libre es una actividad del cerebro afirmativo porque el niño está explorando su propia imaginación, probando modos de comportarse e interactuar con los demás, sin juicios ni amenazas. El juego libre no es como los deportes estructurados. Ambos tipos de juego tienen su papel en la vida de los niños. En el caso de los deportes, las reglas y el hecho de que un equipo gane y el otro pierda dan a menudo una sensación de evaluación, de bueno y malo. Tener tiempo para jugar libremente da literalmente al niño la libertad de explorar su imaginación.

El impulso de jugar es antiguo e inherente al ser humano. Las investigaciones recientes coinciden en demostrarlo. Algunos estudios revelan lo que intuitivamente ya sabíamos: que el juego reduce el estrés, por ejemplo. Vemos este resultado, dicho sea de paso, en comunidades y escuelas con muchos recursos, de alto rendimiento, pero también en las empobrecidas y en aprietos. Otros hallazgos sorprenden un poco más. Por ejemplo, los investigadores han comprobado que el simple hecho de jugar con bloques de construcción mejora el desarrollo del lenguaje de los niños de muy corta edad. De manera parecida, los niños en edad preescolar que jugaban cuando los dejaban en la escuela estaban menos angustiados y toleraban la separación con más serenidad que sus compañeros, a quienes los maestros leían algo. El simple hecho de jugar sirve como un factor protector cuando se trata de regular las emociones.

Un planteamiento profano es que cuando los niños juegan se limitan a pasar el rato o simplemente se divierten, lo que por supuesto está bien, pero que no están exactamente «logrando» nada ni haciendo nada «constructivo» para mejorar su mente. Sin embargo, los estudios científicos sobre el juego demuestran que el acto mismo de jugar tiene innumerables beneficios, tanto cognitivos como no cognitivos, más allá de disfrutar un momento (que, lo creemos firmemente, es en sí mismo algo bueno). El juego es el trabajo de los niños. Desarrolla las capacidades cognitivas, mejora el lenguaje, la habilidad para resolver problemas y funciones ejecutivas como la planificación, la predicción, la anticipación de las consecuencias y la adaptación a las sorpresas. ¡Todas estas son habilidades del cerebro afirmativo! El juego promueve la integración. Las habilidades sociales, relacionales e incluso retóricas de los niños mejoran cuando juegan, porque tienen que negociar y determinar las reglas explícitas e implícitas de un juego o grupo. Tienen que averiguar cómo entrar en el juego, negociando con los demás cuando no se salen con la suya. Aprenden a ser ecuánimes, a respetar el turno, a ser flexibles, a comportarse éticamente. Y se enfrentan a dilemas que tienen que ver con la empatía cuando deciden cómo responder a los que han quedado excluidos.

Aparte de estos beneficios sociales, el juego también tiene ventajas psicológicas y emocionales y contribuye a formar un cerebro equilibrado. Cuando juegan, los niños practican y desarrollan toda clase de cualidades del cerebro afirmativo, como son aguantar la desilusión, mantener la atención y dar sentido a su mundo. Prueban papeles diversos y superan los miedos y el sentimiento de impotencia. Desarrollan el equilibrio emocional y la capacidad de recuperación, así como la de tolerar la frustración cuando no se salen con la suya. Simplemente porque se les permite jugar.

El equilibrio y el niño demasiado ocupado

Cuando hablamos con los padres sobre el juego y la importancia de que sus hijos tengan tiempo libre y un horario razonable, inevitablemente nos preguntan cómo hemos resuelto el problema con los nuestros. Antes de ser madre, Tina decidió que, cuando lo fuera, sus hijos no realizarían más de una actividad al mismo tiempo. Había oído hablar de los peligros de que un niño esté demasiado ocupado, de que, si participa en demasiadas actividades se cansa y se abruma. No tiene tiempo para estar con la familia, se quema y empieza a disgustarle cualquier actividad que los padres esperan que acepte gustoso. Todo esto le pareció muy coherente, por lo que decidió que si sus hijos querían ir a clases de baile, eso sería todo lo que harían hasta que las clases de baile terminaran. Si querían practicar un deporte, no harían nada más hasta el final de la temporada. No quería sobrecargar a sus hijos. (¡Siempre somos los padres ideales de unos niños hipotéticos!)

Luego tuvo su primer hijo y vio todas las opciones disponibles y todos los intereses que tenía el niño. Rápidamente se dio cuenta de que su propósito de que no realizara más de una actividad al mismo tiempo se vería puesto a prueba. Tanto ella como su marido querían que el niño aprendiera a tocar el piano. El chico también quería entrar en un club de *scouts* con sus amigos del colegio. Además, enseguida resultó evidente que su pasión era el deporte. Quería practicar todos los deportes cada temporada.

Piano. *Scouts*. Deportes. Había que añadir a eso los días de partido, los deberes y las salidas familiares. ¿Cómo iban a conseguir que todo encajara en el horario? Y eso que era su primer hijo. Ahora tiene tres, ¡los tres con sus propias opciones y pasiones!

A Dan le pasó lo mismo con sus hijos y pasó muchas noches y tardes intensas en conciertos de música y torneos de voleibol. Simplemente es algo que va con el hecho de ser padres, y estamos agradecidos de que haya tantas opciones buenas y divertidas disponibles para nuestros hijos. Pero ¿cuándo es demasiado?

Una vez más, se trata de encontrar el equilibrio y respetar las diferencias individuales. Creemos que la de sobrecargar a los niños es una preocupación legítima en muchos hogares. Sin embargo, la falta de programación de algunas familias cuyos hijos pasan frente a una pantalla varias horas al día es un problema. Nuestros hijos han asistido a escuelas exigentes y se han involucrado en todo tipo de actividades, así que a veces nos preocupa que estén haciendo demasiadas cosas. Pero después de muchos años tratando de lograr un equilibrio saludable en lo referente a los intereses de nuestros hijos, también queremos ser realistas y razonables. Normalmente a los niños les encanta estar activos, y mientras sea saludable hacerlo y los padres estén dejando un margen para el tiempo libre y no permitan que el calendario de actividades retenga a toda la familia como rehén, alimentemos sus pasiones y permitámosles participar en las actividades divertidas que tanto les gustan.

¿Cómo conseguimos el equilibrio saludable del cerebro afirmativo, entonces? Estas son algunas de las preguntas que animamos a los padres a hacerse cuando vienen a nuestra consulta.

- ¿Mi hijo parece a menudo cansado o de mal humor, o muestra otros signos de desequilibrio, como síntomas de estar sometido a mucha presión o de sentirse ansioso? ¿Está mi hijo estresado?
- ¿Está mi hijo tan ocupado que no tiene tiempo libre para jugar y ser creativo?
- ¿Duerme mi hijo lo suficiente? (Si un niño participa en tantas actividades que se pone a hacer los deberes a la hora de acostarse, eso es un problema.)
- ¿El horario de mi hijo está tan cargado que no le queda tiempo para pasar el rato con los amigos o con sus hermanos?
- ¿Estamos todos demasiado ocupados para cenar juntos normalmente? (No hace falta que comáis siempre

juntos, pero si rara vez lo hacéis, eso es un motivo de preocupación.)

- ¿Le estoy diciendo constantemente a mi hijo «date prisa»?
- ¿Estoy tan ocupado y estresado que la mayoría de las veces trato a mi hijo sin miramientos, con impaciencia?

Si has respondido que sí a cualquiera de estas preguntas, párate a pensar. Si has respondido sí a más de una, te recomendamos que te plantees seriamente si tu hijo está haciendo demasiadas cosas.

Por otra parte, si tu hijo no tiene ningún síntoma de estar demasiado ocupado, seguramente no tiene por qué preocuparte que lo esté. Lo más probable es que esté activo y creciendo feliz y que hayas logrado un equilibrio saludable que fomenta el crecimiento de su cerebro afirmativo y le permite desarrollarse. Ten en cuenta también que cada niño es diferente y que cada uno tendrá un aguante distinto para el ritmo de sus días. Es importante que respetemos la singularidad de cada niño.

Lo que puedes hacer: estrategias del cerebro afirmativo que fomentan el equilibrio

Estrategia #1 para fomentar un cerebro equilibrado: amplía las horas de sueño

Somos un país de gente con un déficit crónico de sueño. Seguimos viendo demasiada ansiedad y depresión en los jóvenes, y muchos de los síntomas de estos dos diagnósticos son consecuencia de la privación crónica de sueño o empeoran con ella. Los niños, sobre todo, suelen perder horas de sueño como resultado de la buena intención con que sus padres o la escuela tratan de llenar al máximo sus días de actividades enriquecedoras. Irónicamente, los padres suelen empeñarse tanto en que sus hijos tengan tiempo para divertirse y para estar con la familia, aparte de para las actividades educativas, que sacrifican el sueño, tan fundamental, en aras del enriquecimiento; así que los niños se acuestan cada vez más tarde.

La falta de descanso es un problema, porque dormir es esencial para el equilibrio físico y mental. Los nuevos estudios sobre el sueño, por ejemplo, sugieren que es necesario dormir lo suficiente para eliminar las inevitables toxinas de las descargas neurológicas diurnas, ¡así podemos comenzar el nuevo día con un cerebro fresco y limpio! El sueño es la higiene cerebral. Sin descanso suficiente, muchos procesos cerebrales y del organismo se ven comprometidos, como nuestra capacidad de prestar atención, de recordar, de aprender, de ser pacientes y flexibles, e incluso de procesar de forma adecuada los alimentos que ingerimos.

Un niño en edad de crecimiento, obviamente, necesita dormir más que los adultos. La Academia Estadounidense de Medicina del Sueño, cuyas pautas han sido aprobadas por la Academia Estadounidense de Pediatría, recomienda lo siguiente para cada grupo de edad:

¿CUÁNTO TIEMPO NECESITAN DORMIR LOS NIÑOS?

EDADES 4-12 meses

1-2 años	11-14 horas (incluida siesta)
3-5 años	10-13 horas (incluida siesta)
6-12 años	9-12 horas
13-18 años	8-10 horas

*** Son simples recomendaciones. Cada niño es distinto y la necesidad de sueño de cada persona varía.

Son un montón de horas de sueño, sin las cuales la zona verde de un niño se reduce y sus ventanas de tolerancia se estrechan, haciéndolo propenso a volverse más y más volátil emocionalmente y menos capaz de controlarse e incluso de encontrar soluciones.

No habrá sido para ti ninguna sorpresa: tus hijos están más irascibles, menos serenos y son menos adaptables cuando están cansados y han dormido demasiado poco.

Es por eso que puede que temas el mal humor acechante y ominoso que se avecina cuando tus hijos te piden pasar la noche con un amigo. Tratar con niños agotados, que alcanzan rápidamente la zona azul o la roja un sábado o domingo por la tarde es una experiencia por la que todos los padres han pasado.

Pero no son solo las fiestas de pijamas las que causan problemas de sueño a los niños y desencadenan momentos de zona azul y roja. He aquí otros factores que interfieren con el sueño:

- *Un horario demasiado apretado.* Considera si hay demasiadas actividades que retrasan la hora de acostarse de la familia y que recortan las horas de sueño de los niños. (Haremos sugerencias concretas en la siguiente estrategia del cerebro afirmativo.)
- *Un ambiente caótico o ruidoso.* Una casa o un vecindario que se mantiene siempre activo y ruidoso o unos hermanos con diferentes horarios para acostarse, pero que comparten habitación, pueden ser un problema para los padres que se comprometen a lograr que sus hijos duerman lo suficiente. No siempre es fácil cambiar estas circunstancias. En tal caso, te hará falta ser creativo: impedir que entre la luz, trasladar a los niños a sus habitaciones cuando ya se han dormido o usar ruido blanco para ahogar el ambiental.
- *El horario de trabajo de los padres.* El sueño de un niño se resiente si uno de los padres no puede llegar a casa a tiempo para cenar y ayudarlo con los deberes hasta más entrada la noche. Nuevamente, si estas circunstancias no se pueden cambiar, tendrás que ser creativo, incluso contar con los hermanos o los vecinos para ayudarles con los deberes o que los niños coman más temprano entre semana y que el padre o la madre que acaba de llegar del trabajo vaya a contarles un cuento y cene después. Cada familia tendrá que ver qué le funciona mejor.

- *Luchas de poder a la hora de acostarse.* Cuando el contexto es de pelea, estresante, de enfado o de temor, el cerebro asocia negativamente el sueño con la rutina de acostarse, por lo que a menudo los niños se resisten aún más a hacerlo. Por el contrario: lo que queremos es crear una asociación afirmativa con el sueño, para que los niños lo vean como algo seguro, relajante e incluso de relación, en lugar de como algo estresante y combativo. Tal vez debas rediseñar su rutina de acostarse dedicando más tiempo a leerles, acurrucarte con ellos y estar presente. Hacer hincapié en la conexión casi siempre termina haciendo que los niños se duerman más rápida y pacíficamente. Eso da a los padres más tiempo para ellos y hace que pasen menos tiempo luchando con sus hijos.

- *Falta de tiempo para «bajar el ritmo».* Cuanto más aprendemos sobre los niños, más comprendemos lo importante que es tener en cuenta las necesidades del sistema nervioso de una persona. Sobre todo cuando se trata de dormir, los padres deben permitir que el ritmo del organismo y del sistema nervioso decrezca. No pasamos de golpe de estar despiertos a estar dormidos: hay un proceso de «desaceleración» en el que nuestro sistema nervioso va reduciendo la velocidad para permitirnos pasar al estado de sueño. Necesitamos preparar el cerebro y darle tiempo para pasar a estados inferiores y más lentos de excitación corporal para que los niños concilien el sueño.

Esta relación entre el sueño y la serenidad no es aplicable solo a los niños, por supuesto. Piensa en tu propia experiencia. Cuando duermes menos, ¿no estás más desequilibrado mentalmente? ¿No eres menos paciente, menos capaz de controlar las emociones? La diferencia es que los adultos hemos tenido años para practicar el mantenimiento del control incluso cuando estamos cansados. No siempre se nos da bien, pero tenemos el cerebro completamente desarrollado y hemos tenido más oportunidades de mejora en este aspecto. Solemos ser más conscientes de nuestras carencias cuando, privados de sueño, nos fijamos mejor en cómo reaccionamos. Los niños, sin embargo, pasan rápidamente a la zona roja o a la azul y no han desarrollado completamente las habilidades para regresar a la zona verde tan fácilmente por sí mismos. Así que encuentra la manera de incrementar todo lo posible las horas que tus hijos duermen por la noche, para que disfruten de equilibrio emocional y controlen mejor su comportamiento durante el día.

Estrategia #2 para fomentar un cerebro equilibrado: sirve un plato mentalmente saludable

Como seguramente sabes, el Departamento de Agricultura estadounidense ha reemplazado su pirámide de alimentos por una ilustrativa «elección de plato» que incluye todos los grupos de alimentos (frutas, verduras, proteínas, cereales y productos lácteos) para recordarnos en qué debe consistir la dieta diaria para optimizar la salud física.

Cuando se trata del equilibrio mental y emocional saludable de tus hijos, ¿cuál sería el equivalente a las raciones diarias recomendadas para una mente fuerte y equilibrada? ¿Qué experiencias promueven la integración y ayudan a los niños (y a los adultos) a integrar las zonas del cerebro y a estar unidos a los miembros de una familia y una comunidad, respetando las diferencias y promoviendo vínculos entre ellos?

Para responder a estas preguntas, Dan y David Rock, un líder en el mundo de la consultoría organizativa, crearon el llamado «plato de la mente sana», que incluye siete actividades mentales esenciales diarias (entre ellas el juego y el sueño, como ya hemos remarcado) para optimizar la materia cerebral y crear equilibrio y bienestar:

Tiempo de concentración: cuando nos concentramos en las tareas teniendo en cuenta los objetivos, asumimos desafíos que establecen conexiones profundas en el cerebro.

Tiempo de juego: cuando nos permitimos ser espontáneos o creativos, disfrutar placenteramente de experiencias novedosas, contribuimos a que se creen nuevas conexiones en el cerebro.

Tiempo de relación: cuando nos relacionamos con otros, preferiblemente en persona, y cuando dedicamos tiempo a apreciar nuestra relación con la naturaleza que nos rodea, activamos y reforzamos los circuitos relacionales del cerebro.

Tiempo físico: cuando nos movemos, haciendo ejercicio

aeróbico si nos lo permite nuestro estado físico, fortalecemos el cerebro de muchas maneras.

Tiempo de interiorización: cuando reflexionamos en silencio, centrándonos en nuestras sensaciones, imágenes, sentimientos y pensamientos, integramos mejor el cerebro.

Tiempo de inactividad: cuando no estamos concentrados ni tenemos ningún objetivo concreto y dejamos vagar la mente o simplemente nos relajamos, ayudamos al cerebro a recargarse.

Tiempo de sueño: cuando damos al cerebro el descanso que necesita, consolidamos lo aprendido y nos recuperamos de las experiencias del día.

EL PLATO DE LA MENTE SANA

TIEMPO DE SUEÑO
TIEMPO FÍSICO
TIEMPO DE CONCENTRACIÓN
TIEMPO DE INTERIORIZACIÓN
TIEMPO DE INACTIVIDAD
TIEMPO DE RELACIÓN
TIEMPO DE JUEGO

EL PLATO DE LA MENTE SANA
para tener UNA MATERIA GRIS ÓPTIMA

Estas siete actividades diarias aportan todos los «nutrientes mentales» que tanto tu cerebro como tus relaciones necesitan para funcionar de la mejor manera. Dándole a un niño oportunidades todos los días para cada una de estas porciones, promueves la integración en su vida y permites que su cerebro coordine y equilibre sus actividades. Estas actividades mentales esenciales fortalecen las conexiones internas de su cerebro y sus redes con otras personas y el mundo que lo rodea. Demasiado o muy poco de cualquiera de estos tiempos resulta problemático.

Por lo tanto, nuestra segunda estrategia del cerebro afirmativo para promover un cerebro equilibrado es asegurarnos de que las experiencias y el horario de tu hijo satisfagan las diversas necesidades representadas en el plato de la mente sana. Por ejemplo, es posible que tus hijos tengan suficiente tiempo de concentración en la escuela, además de mucho tiempo de juego y de relación. Tal vez disfruten de tiempo físico cuando asisten a clases de danza y practican deportes. Pero, cuando repases el horario semanal típico de tu familia, es posible que notes que no tienen mucho tiempo de inactividad o de interiorización, o quizá te des cuenta de que no duermen lo suficiente.

También podría ser que tengas un niño más introspectivo, que pasa mucho tiempo en silencio y concentrado y disfruta de una buena cantidad de tiempo de interiorización. Entonces tal vez necesita más tiempo físico, moviéndose, o más tiempo de relación jugando con amigos o comiendo con el resto de la familia.

A lo mejor les estás pidiendo demasiado tiempo de concentración a tus hijos porque das tanta importancia a las notas que les cuesta dedicar una cantidad de tiempo saludable a las otras actividades del plato. Ten en cuenta el hecho de que raro es el niño que saca un diez en todo o al que se le dan bien todas las asignaturas. Si antepones los logros académicos a todo lo demás, puede que tu hijo tenga la sensación de que todo lo que hace nunca está lo suficientemente bien.

El psicólogo infantil y autor Michael Thompson comparte lo que muchos niños y adolescentes le han dicho: que sus padres se preocupan más por sus notas que por ellos. Prestan más atención al destino que al viaje de descubrimiento, al resultado que al esfuerzo. No es de extrañar que veamos a tantos adolescentes con niveles crecientes de ansiedad y depresión y menos relaciones íntimas que los ayuden a moderar estos sentimientos.

Excepto por lo que apuntábamos antes sobre el sueño, no recomendamos una cantidad concreta de tiempo para cada actividad del plato de la mente sana. No hay una receta exacta para tener una mente sana, porque cada individuo es diferente y nuestras necesidades cambian con el tiempo. El objetivo es tomar conciencia del espectro completo de actividades mentales y, al igual que con los nutrientes esenciales, hacer todo lo posible para incorporar los ingredientes correctos a la dieta mental de tus hijos, al menos un poco de tiempo al día. Del mismo modo que no querrías que comieran solo pizza durante varios días seguidos, no les des solo tiempo de concentración, con poco tiempo para dormir. La clave, una vez más, es equilibrar el día con estas actividades mentales esenciales. El equilibrio y el bienestar mental consisten en reforzar nuestras relaciones con los demás y con el mundo que nos rodea y en fortalecer las conexiones del cerebro mismo.

Nos damos cuenta, desde luego, de que un verdadero empeño en conseguir equilibrar la vida de los hijos resulta un poco aterrador. A veces es difícil optar por no seguir el mismo camino que los demás. Tal vez te parezca peligroso interrumpir las clases de refuerzo y, simplemente, confiar en el proceso, dejando que tu hijo se desarrolle en su propia dirección. Pero permítete ir más allá de una definición encorsetada de en qué consiste el éxito de tus hijos. Permítete hablar con la escuela de su carga de deberes. Permítete apearte de la cinta de correr del «éxito» y haz lo que sea mejor para ellos y tu familia.

El plato de la mente sana es esto. Cuando variamos el foco de atención pasando por este espectro de actividades mentales, damos al cerebro muchas oportunidades para desarrollarse de diferentes maneras. El tiempo dedicado a jugar, trabajar, reflexionar o relacionarnos llena el día, sí, pero también consigue que aprendamos y desarrollemos capacidades. Cuando preparamos el escenario para cada uno de estos tiempos, no solo estamos dando oportunidades al cerebro de nuestros hijos para conectarse y desplegar una gama más amplia de actividades mentales de las que ser capaces, sino que también les estamos aportando el ritmo y la sensación de un equilibrio en la vida. Simplemente siendo consciente del plato de la mente sana y enseñándoles a tus hijos en qué consiste puedes despertar su apetito por el equilibrio y el bienestar mental diarios.

Niños con un cerebro afirmativo: enseña a tus hijos en qué consiste el equilibrio

Podemos enseñar a nuestros hijos en qué consiste un cerebro equilibrado. Las conversaciones que tengas con ellos sobre el equilibrio y el estado afirmativo del cerebro en general los ayudarán a entender los conceptos básicos relacionados con la salud mental y emocional. Además, cuanto más comprendan la importancia del equilibrio en general, tanto mental como relativo al horario familiar, más fácil les resultará expresar el desequilibrio que sienten.

Para ayudarte a empezar, te hemos ofrecido el apartado «Niños con un cerebro afirmativo». Puedes leerlo con ellos para enseñarles cosas acerca de su propio cerebro afirmativo. Lo mismo haremos al final de cada capítulo. Hemos escrito estos apartados pensando en niños de cinco a nueve años, pero no dudes en adaptarlos a la edad y la etapa del desarrollo de tus propios hijos.

Niños con un cerebro afirmativo: enseña a tus hijos
en qué consiste el equilibrio.

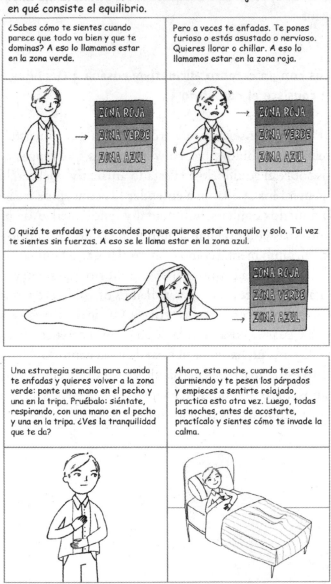

¿Sabes cómo te sientes cuando parece que todo va bien y que te dominas? A eso lo llamamos estar en la zona verde.

Pero a veces te enfadas. Te pones furioso o estás asustado o nervioso. Quieres llorar o chillar. A eso lo llamamos estar en la zona roja.

ZONA ROJA
ZONA VERDE
ZONA AZUL

O quizá te enfadas y te escondes porque quieres estar tranquilo y solo. Tal vez te sientes sin fuerzas. A eso se le llama estar en la zona azul.

ZONA ROJA
ZONA VERDE
ZONA AZUL

Una estrategia sencilla para cuando te enfadas y quieres volver a la zona verde: ponte una mano en el pecho y una en la tripa. Pruébalo: siéntate, respirando, con una mano en el pecho y una en la tripa. ¿Ves la tranquilidad que te da?

Ahora, esta noche, cuando te estés durmiendo y te pesen los párpados y empieces a sentirte relajado, practica esto otra vez. Luego, todas las noches, antes de acostarte, practícalo y sientes cómo te invade la calma.

Niños con un cerebro afirmativo: enseña a tus hijos en qué consiste el equilibrio.

Olivia usaba esta estrategia cuando sus amigos del colegio no la invitaban a jugar. Duele que te ignoren, así que entraba en la zona azul. Se ponía a llorar, quería que la tierra se la tragara.

Pero identificaba esos sentimientos como de la zona azul y se calmaba poniéndose una mano en el pecho y la otra en la tripa. Enseguida se sentía mejor y volvía a la zona verde. Seguía un poco triste, pero sabía que estaría bien.

Cuando te sientas triste o enfadado, o asustado, usa este truco. Llegarás a usarlo siempre que lo necesites para volver a la zona verde.

Mi cerebro afirmativo: fomentando mi propio equilibrio

Piensa un momento en tu vida, en lo equilibrado que te sientes. Te planteamos tres preguntas que te ayudarán a averiguar hasta qué punto te mantienes equilibrado. Puede que quieras anotar en un diario las respuestas o hablar con otros padres acerca de cómo te han afectado.

1. Piensa en tu zona verde. ¿La abandonas con facilidad? ¿Te cuesta mucho volver a ella cuando entras en la zona roja o en la azul? Pregúntatelo en general, desde luego, pero céntrate sobre todo en la relación con tus hijos. ¿Pasas más tiempo en la zona verde, en la roja o en la azul?
2. ¿Hasta qué punto mantienes una relación estrecha con tus hijos? ¿Tu relación es de distanciamiento sin vinculación y dejas que se apañen solos emocionalmente? ¿Es de vinculación sin distanciamiento, de dependencia emocional? ¿Qué porcentaje del tiempo pasáis en el punto óptimo de integración y estás emocionalmente vinculado con ellos y les brindas apoyo, pero dejándoles margen para ser ellos mismos (siempre según convenga a su edad y su carácter)?
3. ¿Qué hay en tu plato de la mente sana? Échale otro vistazo, pero esta vez centrándote en tu horario diario. ¿En qué inviertes tu tiempo y tu energía?

Teniendo en cuenta todo esto, dibuja tu propio plato de en qué inviertes la mayoría del tiempo. Simplemente, traza un círculo y divídelo como si fuera una tarta en veinticuatro porciones, una para cada hora del día. ¿Cuántas horas al día duermes, te mueves, te relacionas?, y así sucesivamente. Te quedará algo parecido a la ilustración de más abajo.

Cuando piensas en tu jornada, ¿qué actividades del plato de la mente sana reduces sistemáticamente? Los padres somos, por definición, personas cuyas circunstancias no les permiten distribuir el tiempo de manera saludable. Esto es particularmente así si tus hijos son todavía muy pequeños, cuando te cuesta encontrar tiempo incluso para comer e ir al baño y mucho más dormir lo suficiente o tener tiempo para reflexionar (o para dibujar tu plato de la mente sana). Lo entendemos. También hemos pasado por eso.

Pero sigue siendo útil que evalúes lo bien que lo estás haciendo para mantener un cierto equilibrio en tu vida, por poco realista que pueda parecerte en este momento. Con el simple hecho de ver lo que te estás perdiendo, ya sea en tiempo de sueño, de ejercicio, de soledad, de inactividad o de cualquiera de las otras actividades diarias necesarias del plato de la mente sana, te harás una idea de las necesidades personales que no satisfaces en este momento y al menos tendrás la oportunidad de considerar la mejor forma de satisfacerlas en el futuro. El propio equilibrio es esencial para que nuestra zona verde sea sólida y podamos ser lo que nuestros hijos necesitan que seamos.

Insistimos en que no siempre es fácil tener un cerebro equilibrado cuando somos responsables del bienestar y el desarrollo de los hijos. Pero cuanto más aspires al equilibrio y a crear un cerebro afirmativo dentro de ti, más podrás hacer lo mismo por las personas que dependen de ti.

CAPÍTULO 3

El cerebro resiliente

Alanah era una niña de nueve años muy brillante que, a pesar de sus evidentes dones y capacidades, estaba constantemente ansiosa. Todo la preocupaba: los exámenes del colegio, las relaciones sociales, el calentamiento global, si su madre se moriría y la salud de su cobaya. Sus padres la llevaron a la consulta de Tina cuando la intensidad de su ansiedad acabó manifestándose en ataques de pánico que entorpecían sus actividades normales y le causaban un montón de angustia. Por si fuera poco, tenía problemas crónicos de salud, según los expertos todos ellos «psicológicos».

A medida que Tina fue conociendo a Alanah, descubrió que su joven paciente era muy meticulosa por naturaleza y que tendía al perfeccionismo; padecía ansiedad en muchos aspectos de su vida. Tina reconoció esta espiral de ansiedad: Alanah se fijaba en un posible problema, luego se sentía indecisa a la hora de afrontarlo y después se preocupaba porque no lo había resuelto bien. Por ejemplo, un día que se había dejado el almuerzo en casa empezó a preocuparse por tener que pasar el trago de no tener comida cuando sus amigos comieran, luego empezó a inquietarla el hecho de tener demasiada hambre para no ser capaz de atender en clase, no entender los deberes y sacar mala nota en el siguiente examen. Estaba tan preocupada que empezó a esconderse cada dos por tres en el baño de la escuela un buen rato mientras sufría un ataque de pánico. Como pasaba con muchos de sus miedos, algo tan típico en la infancia como es dejarse el almuerzo en casa la abocó a una espiral que la incapacitaba cada vez más. Esta espiral de ansiedad le estaba creando un cerebro negativo, un estado neuronal que la paralizaba siempre que se enfrentaba a un obstáculo o que experimentaba el más mínimo revés.

Más adelante, en este mismo capítulo, volveremos a la historia de Alanah y explicaremos cómo abordó Tina su caso y cómo la ayudó a recuperar un cerebro integrado y un estado receptivo: un cerebro afirmativo. Sin embargo, antes queremos explicarte el segundo de los cuatro pilares del cerebro afirmativo: la resiliencia.

En el segundo capítulo hemos hablado de ayudar a los niños a ser más equilibrados para que sean más capaces de permanecer en la zona verde. Ahora veremos el fomento de la resiliencia y la determinación de nuestros hijos, que consiste no solo en permanecer en la zona verde, sino en ampliar y reforzar esta. Cuanto más ancha sea su ventana de tolerancia a las dificultades y a las emociones desagradables, más resilientes serán frente a la adversidad, en lugar de desmoronarse si las cosas no salen como es debido.

La resiliencia consiste también en saber recuperarse, en pasar rápidamente de la zona roja o de la azul a la verde: en abandonar el caos o la inflexibilidad para recuperar la armonía dentro de la ventana de tolerancia.

En un estado negativo del cerebro, los niños pasan miedo, sienten temor y son agresivos, intimidados como están por complicaciones imprevistas e incapaces como son de mantener el control de su cuerpo, sus emociones y sus decisiones. Lo que queremos, en cambio, es que desarrollen la resiliencia del cerebro y sepan que tienen los recursos necesarios (o que pueden adquirirlos) para afrontar la adversidad con determinación y recuperarse de las derrotas. Así podrán experimentar plenamente el éxito real y duradero en la vida, tanto si tienen preocupaciones y ansiedad, como Alanah, como si son simplemente niños que crecen en nuestro mundo estresante, frenético, de expectativas elevadas, en el que no todo en la vida sale según lo previsto.

El objetivo: forjar capacidades en lugar de erradicar los comportamientos indeseados

Empecemos pensando en la mejor manera de responder cuando los niños se comportan de un modo desagradable. Muchos padres creen que el objetivo es erradicar el comportamiento indeseado, hacer que cese o desaparezca. Pero recuerda, el comportamiento es comunicación. Y un comportamiento problemático es, en realidad, un mensaje de nuestros hijos: «Necesito ayuda para desarrollar mi capacidad en este aspecto concreto. Todavía soy incapaz de hacerlo bien.»

Así que nuestro enfoque cuando los hijos se están debatiendo no debe ser deshacerse del mal comportamiento o acabar con el caos de la zona roja y con la rigidez de la azul, sino determinar lo que queremos que incorporen: la habilidad para hacer mejor las cosas la próxima vez. Claro que queremos reducir al máximo los comportamientos problemáticos. Cualquier padre quiere eso. (Créenos, los dos hemos querido deshacernos de muchos de los comportamientos de nuestros hijos en cada etapa del desarrollo.) Al fin y al cabo, cada vez que se descontrolan es difícil para ellos, para nosotros y para toda la familia. Pero si queremos ayudar a los niños a desarrollar un cerebro afirmativo, necesitamos centrarnos menos en extinguir el comportamiento problemático y más en ayudarlos a desarrollar las habilidades necesarias para regresar a la zona verde, preferiblemente por su propia cuenta.

> El enfoque básico cuando los hijos se están debatiendo no debe ser deshacerse del mal comportamiento o acabar con el caos de la zona roja y con la rigidez de la azul, sino determinar lo que queremos que incorporen: la habilidad para hacer mejor las cosas la próxima vez.

Mientras más los ayudemos a desarrollar las habilidades que necesitan, de entrada para evitar abandonar la zona verde y luego para regresar a ella cuando las cosas no les salen como quieren, más disfrutarán de un estado de equilibrio y bienestar, lo que, por supuesto, les hará la vida más fácil a ellos, a ti y a toda la familia. Ese es el aspecto sereno de esa felicidad que los griegos llamaron *eudaimonia*. La serenidad no implica estar siempre calmado: implica haber aprendido a manejar las olas de las emociones con habili-

En lugar de intentar erradicar la mala conducta...

Forja capacidades para la resiliencia y el bienestar.

dad y agilidad. Si uno vuelca, ha adquirido la capacidad de volver a navegar. La resiliencia es un regalo permanente que podemos hacer a nuestros hijos.

Tal y como reza el viejo dicho: «Dale a un hombre un pez y comerá una vez; enséñale a pescar y comerá toda la vida.»

Una mamá conocida nuestra utilizó este planteamiento de que «el comportamiento es comunicación» para manejar hábilmente un problema que tuvo con su hijo de cuatro años Jake. La maestra la llamó para decirle que Jake tenía muchos conflictos con sus compañeros de clase. Si los niños sacaban una pelota al patio, inevitablemente se enfurruñaba por tener que esperar su turno, así que agarraba la pelota y la lanzaba de una patada por encima de la valla, a la calle. O si jugaban al escondite, Jake se enfadaba y llegaba incluso a ponerse agresivo si lo pillaban.

Si la madre se hubiera planteado el problema desde un punto de vista más tendente a erradicar el comportamiento, le habría prometido a Jake recompensas o lo hubiera amenazado con un castigo para impedir que actuara de un modo tan impulsivo y con tanto antagonismo cuando no se salía con la suya. Este es el enfoque que más suelen adoptar los padres y los maestros: intentan acabar con la mala conducta con un enfoque puramente conductual, con pegatinas u otro tipo de recompensas y castigos.

Esta madre, sin embargo, estudió la situación de su hijo con la lente del cerebro afirmativo y se dio cuenta de que el comportamiento de Jake comunicaba las habilidades que le faltaban: a saber, que no se le daba bien compartir y esperar su turno y que todavía no sabía ser deportivo. Eso no implicaba que fuera malo. No significaba que tuviera un «problema». Simplemente quería decir que su madre tenía que encontrar la manera de enseñarle a esperar su turno y a comportarse con más deportividad. Por lo tanto, habló con la maestra y ambas idearon formas rápidas y fáciles de practicar estas capacidades, como involucrar a Jake en la planificación de la actividad, hacerle participar en juegos de rol en los que, por turnos, asumía el papel de maestro y hacerle inventar historias sobre compartir y esperar su turno con muñecos y personajes de acción («Jake, ayúdame a enseñarle a Batman a compartir esto con su amigo»).

El mismo planteamiento resulta efectivo con niños de más edad. Si tu hija de once años quiere irse de acampada con las amigas, pero le da pavor pasar fuera toda la noche, eso te indica que necesita adquirir tablas en lo de estar separada de ti. Pasar unas cuantas noches en casa de una amiga o con los abuelos podría ayudarla a adquirir resiliencia en este aspecto. Compáralo con el enfoque negativo que sería decirle: «No tienes por qué preocuparte. Ya eres lo bastante mayor.» El problema de este enfoque tan bienintencionado es que sí que se preocupa y que no se siente lo bastante mayor. Por lo tanto, esta respuesta rechaza sus sentimientos explícitamente, dejándola confusa y menos capaz de confiar en su capacidad para interpretar sus pistas internas, sin herramienta alguna para sentirse mejor. Peor todavía, esta respuesta es una oportunidad perdida de que forje habilidades que le serán útiles de por vida.

Cuando entiendes que la conducta de tus hijos es una forma de comunicación que te permite saber qué estrategias y qué capacidades todavía tiene que adquirir y desarrollar, tu respuesta puede ser más deliberada y compasiva,

En lugar de centrarte en acabar con el problema...

Entiende que el comportamiento es una forma de comunicación y céntrate en forjar capacidades.

aparte de más efectiva. Esto se debe a que esta perspectiva nos permite entender que nuestros hijos necesitan nuestra ayuda y que pasan por un momento difícil, que no simplemente se portan mal y nos ponen las cosas difíciles. Esta manera de pensar fomenta la crianza basada en la confianza, en la esperanza de que, a medida que forjemos capacidades y permitamos que se desarrollen, el cerebro de nuestros hijos creará las conexiones necesarias para la resiliencia que los ayudará a convertirse en personas con una vida plena, feliz y con sentido.

Resiliencia, receptividad y ampliación de la zona verde

Pensemos en lo que significa en la práctica desarrollar la resiliencia. Un buen modo de verlo sería decir que es llegar a tener el ingenio necesario para afrontar los desafíos de la vida y pasar por ellos con confianza y claridad. Receptividad en lugar de agresividad. La agresividad bloquea la resiliencia; la receptividad la promueve. Por lo tanto, si quieres ayudar a tus hijos a aprender a manejar la adversidad de una manera sana y madura, lo primero que debes hacer es ayudarlos a desarrollar la receptividad.

LA AGRESIVIDAD bloquea LA RESILIENCIA

LA RECEPTIVIDAD, la promueve

Un niño que reacciona inconscientemente está a merced de su entorno; todo lo que puede hacer es reaccionar automáticamente a él. Sin embargo, la receptividad le permite observar y evaluar la información del entorno y responder a él de forma proactiva. Puede elegir su respuesta y actuar intencionadamente en lugar de hacerlo automáticamente, sin haber tomado una decisión consciente. Eso es lo que pasa en la zona verde.

Por eso decimos que nuestro objetivo a corto plazo es ayudar a los niños a estar más equilibrados y permanecer en su zona verde cuando se enfadan. En la zona verde son receptivos, por lo que su circuito de aprendizaje está activo, lo que significa que pueden pensar, escuchar y comprender, aprender a tomar buenas decisiones, a tener en cuenta las consecuencias y a pensar en los sentimientos de los demás.

Ten en cuenta que con equilibrio es posible sentir fuertes emociones, pero manteniendo la mente clara y una comunicación cooperativa.

En otras palabras: en la zona verde los niños pueden ser emotivos y a pesar de todo mantener la serenidad que les permita acceder mucho más fácilmente a su cerebro superior. Un cerebro superior bien desarrollado y una gran zona verde son las claves para afrontar los reveses y las adversidades desde una perspectiva equilibrada.

Nuestro objetivo a largo plazo es ir ampliando la zona verde. Aquí entra en juego la resiliencia.

OBJETIVO A CORTO PLAZO: EQUILIBRIO

(regresar a la zona verde)

OBJETIVO A LARGO PLAZO: RESILIENCIA

(ampliar la zona verde)

Queremos ampliar la ventana de tolerancia de un niño a las dificultades para que sea cada vez más capaz de manejarlas. Una zona verde estrecha hace que un niño sea más propenso al caos o a la intolerancia, con más frecuencia y más intensidad. El objetivo no es librarnos por completo de los momentos de zona roja y de zona azul. De hecho, a veces es necesario entrar en la zona roja o azul, en momentos de peligro u otras situaciones que requieren nuestras respuestas adaptativas de supervivencia a una amenaza real. Lo que queremos es que los niños sean progresivamente capaces de determinar si es apropiado salirse de la zona verde y que permanezcan la mayor parte del tiempo en ese lugar tranquilo en el que impera la claridad mental. Ampliar la zona verde es eso.

En parte, ampliar la ventana de tolerancia de los niños es permitir que afronten las adversidades, sientan decepción y otras emociones desagradables, incluso que fallen.

Así es como adquieren agallas y capacidad de perseverancia. Si has leído cualquiera de nuestros libros sabes que

En parte, ampliar la ventana de tolerancia de los niños es permitir que afronten las adversidades, sientan decepción y otras emociones desagradables, incluso que fallen. Así ampliamos su zona verde: enseñándoles con cariño que pueden frustrarse y fracasar y que superar la frustración y el fracaso los hará más fuertes y más sabios.

creemos firmemente en la importancia de poner límites a los niños y ayudarlos a aprender a lidiar con el hecho de que las cosas no siempre son como ellos quieren. En buena parte, el desarrollo de un cerebro resiliente implica enseñar a los niños que los malos tragos y los momentos difíciles son inevitables. Luego, en lugar de rescatarlos o protegerlos de cualquier emoción o situación desagradable, pasar por ella a su lado y ayudarlos a desarrollar la resiliencia para aprender y crecer a partir de los reveses sin dejar por ello de tomar buenas decisiones en medio de una tempestad emocional. Queremos que interioricen nuestro mensaje: «Aquí me tienes. Esto es así. Sé que es difícil, pero puedes hacerlo. Estoy contigo.»

Ampliar la zona verde.

Así ampliamos su zona verde: enseñándoles con cariño que pueden frustrarse y fracasar y que superar la frustración y el fracaso los hará más fuertes y más sabios.

Para ampliar la zona verde te bastará con cosas sencillas como estas:

O te hará falta hacer cosas más complicadas o dolorosas. Después de contarle a tu hijo de siete años que su querida mascota ha muerto, puedes sentarte con él y abrazarlo mientras llora y habla de todas las cosas que le gustaban del animalito. O, cuando las mejores amigas de tu hija de doce años le digan que ya no es lo suficientemente popular como para sentarse a almorzar con ellas, tendrás que resistir el impulso de llamar a los otros padres o a alguien de la escuela para exigir que se la incluya. En lugar de hacer eso, te limitarás a hacerle compañía y dejarás que note tu amor y tu apoyo mientras siente un dolor que no había experimentado antes y luego la ayudarás a encontrar soluciones.

En otras palabras: a veces tenemos que permitir que nuestros hijos sufran y que fracasen, sin rescatarlos ni privarlos de estas lecciones tan valiosas para adquirir resiliencia. Y cuando estamos emocionalmente presentes y les ofrecemos consuelo en esos momentos, hacemos incluso más para ampliar su zona verde. Grabadas en su memoria, estas experiencias enseñan a los niños que puede que haya dificultades, pero que son capaces de manejarlas y de recuperarse. La próxima vez que se les presente un problema, parte de la memoria activada será la de esas experiencias de afrontar los desafíos y superarlos de manera efectiva.

Empujar y amortiguar: cuándo dejar que un niño luche

Cuando les hablamos a los padres de ampliar la zona verde, invariablemente nos plantean la misma pregunta: Sí, pero ¿cómo sé cuándo dejar que mi hijo luche y cuándo ir en su ayuda?

Para nosotros, todo se reduce a una expresión magistral que le dijo a Tina uno de sus alumnos: empujar y amortiguar. A veces los hijos necesitan que los empujemos para ir más allá. Que los saquemos de la autoimpuesta burbuja protectora y les pidamos que se arriesguen en circunstancias a las que no están acostumbrados. En eso consiste «empujar»: en desafiarlos y permitir que adquieran resiliencia, fuerza, resistencia y valor. Se trata, evidentemente, de destapar sus habilidades, no de empujarlos físicamente a hacer algo, literalmente hablando. Es un modo de ampliar su zona verde, de que practiquen fuera de su zona de confort. Cuando salimos al paso y rescatamos a los niños de un problema que pueden resolver por su cuenta, cortocircuitamos su oportunidad de aprender a resolver una dificultad o de entender que son capaces de vérselas por sí mismos si se les plantea una. Tener que hablar con un maestro o solucionar un conflicto con un amigo son oportunidades de aprendizaje de un valor inestimable. Dale a tu hijo el beneficio de practicar usando su voz y su lógica.

Cuando salimos al paso y rescatamos a los niños de un problema que pueden resolver por su cuenta, cortocircuitamos su oportunidad de aprender a resolver una dificultad o de entender que son capaces de vérselas por sí mismos si se les plantea una.

El empujón implica que les estás enseñando a mantenerse firmes y a entender que pueden ser respetuosos a la vez que fuertes, incluso cuando los pone nerviosos oponerse a algo o afrontar un nuevo reto. ¡Aprenden que pueden hacer algo si lo hacen!

Pero eso es solo si nos les causa tanto distrés que colapse su sistema nervioso, mandándolos a la zona roja o a la azul. Si los empujamos demasiado antes de que estén listos, si su sistema nervioso experimenta una angustia demasiado insoportable, el efecto puede ser el opuesto: que se vuelvan más miedosos y dependientes. En lugar de ampliarse, su zona verde se estrechará. Otras veces nuestros hijos nos necesitan realmente como amortiguadores. Se enfrentan a un obstáculo demasiado grande o a un desafío que, simplemente, no son capaces de resolver por su cuenta. Realmente el problema los supera. Es posible que tu hijo de tres años no esté preparado todavía para sentarse con los otros niños a almorzar en el parque y que necesite que te sientes a su lado hasta que esté listo para unirse a los demás. O quizá tu hija de tercero de Primaria tema irse a la cama sola por culpa de una imagen terrorífica que ha visto en un cartel de Halloween esta tarde, así que necesita que te quedes con ella hasta que concilie el sueño. Tal vez el profesor de historia le está poniendo tantos deberes a tu hijo de Secundaria que se pierde las actividades extraescolares y se acuesta tarde, así que te parece necesario averiguar en profundidad qué está pasando. No podemos pedir a los hijos que resuelvan algo por su cuenta si no son capaces de hacerlo. Así que cuando afronten una situación demasiado difícil para sus capacidades, los ayudamos con todas nuestras fuerzas. Mientras que a veces los

A veces los padres tenemos que darles un empujón...

Y a veces los niños necesitan un amortiguador.

presionamos pidiéndoles que hagan más de lo que les resulta cómodo, en momentos como estos somos un amortiguador, para que sepan que estamos con ellos y los respaldamos.

Ten en cuenta que el cerebro es una máquina asociativa, de modo que podemos tratar de anticipar si el empujón hará que su cerebro asocie dar el incómodo paso con buenas sensaciones —«¡Lo he conseguido!» «No ha estado tan mal y hasta me he divertido»— o si por el contrario establecerá una asociación negativa que reducirá las probabilidades de que quiera intentar algo la próxima vez. Si te parece probable que sea una experiencia negativa, que sea demasiado para tu hijo, amortigua y ve pasito a pasito hasta la meta.

Entonces, ¿cómo conseguimos el equilibrio de Ricitos de Oro para encontrar las gachas que no están ni demasiado calientes ni demasiado frías? ¿Cómo determinamos lo «correcto»? En otras palabras, ¿cómo ayudamos a nuestros hijos a enfrentarse lo suficiente a los inconvenientes sin esperar de ellos más de lo que cabe esperar? ¿Cuándo tenemos que empujarlos y cuándo debemos servirles de amortiguador?

Bueno, no es fácil. Así se lo explicamos a los padres que vienen a nuestras consultas. Los animamos a que se planteen cinco preguntas.

Preguntas para decidir si tu hijo necesita un empujón o un amortiguador

1. *¿Qué temperamento tiene, en qué etapa del desarrollo está y qué necesita en este momento concreto?*

    Ten en cuenta que tu hijo puede sentir distrés emocional e incluso físico cuando se enfrenta a una situación complicada. Lo que a ti te parece un pequeño paso para tu hijo puede ser como zambullirse desde un acantilado. A veces, un niño necesita más pasos, o más práctica, o más tiempo, o más amortiguación que tú. En otras ocasiones, el mismo niño soporta la incomodidad y tal vez necesita un empujón. Fíjate en cómo responde tu hijo y qué dice acerca de sus necesidades en este momento concreto. Sintoniza con la verdadera experiencia interna de tu hijo, revelada por sus síntomas y el modo en que se comunica, no por lo que crees que siente.

2. *¿Tienes claro cuál es el verdadero problema?*

¿Qué está causando que tu hijo se resista a enfrentarse a este obstáculo o a afrontar este desafío en particular? Una fiesta de pijamas puede parecerle aterradora porque tendrá que estar lejos de ti, pero podría ser más bien porque teme mojar la cama y eso le da vergüenza. Tal vez pienses que su reticencia a unirse al equipo de natación tiene que ver con su falta de voluntad para hacer ejercicio y trabajar duro, pero podría tener más que ver con su miedo a que lo vean con un bañador ajustado. Así que habla con tu hijo y ten claro cuál es el verdadero problema. Después podrás ayudarlo a encontrar soluciones.

3. *¿Qué mensajes transmites sobre la asunción de riesgos y el fracaso?*

Como adulto, ya entiendes la importancia de afrontar los miedos y de estar dispuesto a intentarlo y fracasar. Sabes cuánto aprendemos cuando damos un salto y cuando nos equivocamos, y te das cuenta de que cada error es una oportunidad para el crecimiento y para entenderse mejor a uno mismo. Pero ¿estás transmitiendo a tus hijos esta importante lección de vida? ¿Qué mensajes explícitos e implícitos les transmites acerca de asumir riesgos? Acerca de «tener cuidado». Sobre el pensamiento divergente. Acerca de si «fallar» es aceptable. ¿Les transmites el mensaje de que hay que hacer las cosas bien o a la perfección, impidiéndoles la libertad de colorear saliéndose de las líneas? ¿Alguna vez ha abrazado tu familia un «allá voy» como una oportunidad de aprendizaje? Conocemos a un padre que, todos los días, cuando deja a su cauteloso hijo de nueve años en la escuela, le dice: «¡Prueba suerte hoy!» Aunque no sería un mensaje apropiado para todos los niños, es la clase de comentario que puede llevar a este cuidadoso y reflexivo chico a tener una mentalidad afirmativa. Aprendemos arriesgándonos y cometiendo errores, para aprovechar otra oportunidad y volver a intentarlo. Un cerebro afirmativo fomenta el coraje, nos permite darnos cuenta de que, ya sea con la ayuda de otra persona o por nuestra cuenta, siempre podemos aprender más.

4. *¿Necesita tu hijo alguna habilidad para manejar un potencial (e inevitable) fracaso?*

Nuevamente el objetivo no es proteger a tus hijos del fracaso, sino ayudarlos a desarrollar las habilidades que les permitan superar la adversidad. Una de esas habilidades es la capacidad de reconocer que superar obstáculos suele ser un largo proceso. En otras palabras: que algo te cueste no significa que te pase algo. Así que una de las mejores cosas que podemos enseñar a nuestros hijos es el concepto de «todavía» del psicólogo Carol Dweck. Cuando los niños dicen «no puedo» o «no quiero», pídeles que agreguen la palabra «todavía». Esto promueve una actitud abierta a la posibilidad muy poderosa, porque opera desde el cerebro afirmativo con la idea de que podrán tener éxito, de que lo lograrán siempre y cuando estén dispuestos a prepararse, a perseverar y a trabajar para conseguirlo.

5. *¿Le estás dando herramientas a tu hijo para regresar a la zona verde y ampliarla?*
   Una de las habilidades más importantes que deberías enseñar a tus hijos es la capacidad de calmarse y recuperar el control una vez que hayan entrado en la zona roja o en la azul. Una herramienta rápida y eficaz que de la que ya hemos hablado es pedirles que se pongan una mano en el pecho y una en la tripa y que respiren lenta y profundamente. Simplemente esto es un gran recurso para calmar la angustia. Luego podrán tomar decisiones más acertadas (y más valientes) acerca de qué desafíos afrontar. (Hablaremos más de estos recursos a continuación y más adelante en esta obra.)

Reflexionar sobre estas preguntas te ayudará a ser más consciente de en qué punto se encuentra tu hijo (y en qué punto te encuentras), mientras decides si le das un empujón o le sirves de amortiguador en respuesta a un momento difícil. Ser consciente implica tanto entender lo que te está pasando como estar abierto y ser receptivo a lo que le sucede a tu hijo. Comienza con un estado de ánimo deliberado, uno enfocado a propósito en las necesidades particulares de estímulo u orientación de tu hijo. Queremos ser deliberados y reflexivos en la medida de lo posible al responder a nuestros hijos que están enfadados. No todos los niños tienen la misma tolerancia al miedo, a los desafíos y al riesgo. Algunos niños se lanzan alegremente, de cabeza, a las situaciones nuevas y difíciles, incluso disfrutan resolviendo problemas y superando obstáculos. Otros se sienten realmente incómodos arriesgándose y probando algo desconocido o que representa para ellos un desafío. A menudo el mismo niño responderá de una manera una vez y de manera distinta otra. Son prediciblemente impredecibles, a veces. Así que recuerda que cada niño es diferente y complejo. En cada situación, debes decidir qué es lo mejor para este niño único en este momento concreto, qué redundará en el crecimiento y la ampliación de lo que cree que puede hacer. Esto es resiliencia.

Qué puedes hacer: estrategias del cerebro afirmativo que fomentan la resiliencia

Estrategia #1 para fomentar un cerebro resiliente: colma a tus hijos de cuatro dones

Como sucede con casi todo lo demás, en lo que respecta a la crianza de los hijos la relación con ellos es la clave para desarrollar la resiliencia. Un poderoso predictor de resiliencia y de lo bien que resulta en el niño en términos de optimizar el funcionamiento social, académico y emocional, es si ese niño experimentó un vínculo seguro con al menos una persona: uno de los padres, de los abuelos u otro cuidador. Así es: brindándoles a tus hijos una atención con la que puedan contar (que no perfecta), con sensibilidad, haciendo que se sientan protegidos, les darás la oportunidad de ser no solo más felices y de sentirse más realizados, sino también de ser más exitosos emocionalmente, en sus relaciones e incluso académicamente.

Este tipo de cuidado aporta a los niños apego seguro y reciben con él cuatro dones.

Colma a tus hijos de cuatro dones

Seguridad

Atención

Consuelo

Confianza

Los cuatro tienen que ver con ayudar a los niños a sentirse seguros y protegidos, especialmente si están en peligro. Con este tipo de cuidado tratas de hacerles entender que los mantendrás a salvo, que les prestas atención y los amas profundamente, incluso si no te gusta la forma en que se han comportado. Tratas de consolarlos y ayudarlos a calmarse cuando están enfadados. Creas un sentimiento de profunda seguridad en ellos porque se sienten atendidos y consolados. Neurológicamente, estas experiencias repetidas de apego permiten crear conexiones óptimas y el cerebro superior se desarrolla bien; los niños se sienten más seguros en todos los aspectos de la vida. Cuando proporcionamos de forma consistente (aunque no perfecta) estos cuatro dones, ampliamos las zonas verdes de los niños, que se vuelven progresivamente más capaces de resolver los problemas por su cuenta.

Hay un motivo evidente: cuando tus hijos saben que cuentan contigo, que los respaldas y siempre los querrás, les aportas la seguridad que necesitan y en la que confían. Esta relación de apego crea una base segura desde la cual aventurarse hacia lo desconocido, sabiendo que, si las cosas se ponen feas, siempre pueden volver y que estarás allí para ayudarlos. Así desarrollan la confianza y el valor necesarios para salir de su zona de confort e intentar algo nuevo, incómodo e incluso aterrador.

Otra razón por la cual una fuerte relación padres-hijos conduce a la resiliencia es que, cuando pasas tiempo con tus hijos, llegas a conocerlos mucho. Aprendes a reconocer los síntomas, tanto emocionales como físicos, de que tu hijo se está acercando a los límites de su zona verde y necesita ayuda para regresar al centro. Es posible que sea de los que todo lo interiorizan. A lo mejor lo ves retraerse o evitar el contacto social y reconoces eso como una señal de que se siente incómodo y los circuitos de «retirada» se están activando. O a lo mejor está siendo duro consigo mismo. Sea cual sea la razón, se está cerrando y acercándose a la zona azul. Tal vez tu hijo es más de los que todo lo exteriorizan y, a diferencia de la experiencia interna más pasiva del que interioriza, actúa en lugar de colapsar hacia dentro. Tiene una rabieta, grita, se muestra irrespetuoso o actúa de forma agresiva. Estas son señales obvias de que está entrando en el caos de la zona roja.

Gracias a tu estrecha relación con tus hijos, en otras palabras, tienes la capacidad de ver lo que necesitan en un momento dado. Estás atento a los cambios que tienen lugar y puedes decidir cómo responder a ellos. Sabes decidir si en una situación determinada les hace falta un empujón o amortiguación y si debes intervenir de inmediato o contenerte y permitir que sigan frustrados y soportando la situación un poco más, para que su zona verde siga expandiéndose.

Acertar con respecto a cuándo presionar y cuándo proporcionar amortiguación puede ser al principio un poco abrumador. Pero con un poco de práctica, creemos que esta forma de abordar la educación te funcionará bien. Como reza el viejo refrán: «La suerte favorece a la mente preparada.» Aprender estos fundamentos te prepara mentalmente para las oportunidades que surjan para tus hijos, y para ti, de modo que estés listo y sintonices con sus experiencias para darles un empujón o proporcionarles amortiguación con naturalidad, apoyándolos y ayudándolos a adquirir habilidades y recursos.

La buena noticia sobre los cuatro dones es que probablemente ya forman parte de las interacciones cotidianas con tus hijos. El tiempo que pasas comiendo con ellos, llevándolos al parque, riéndote con ellos viendo un divertido vídeo e incluso discutiendo y luego consolándolos refuerza el vínculo que compartís, y todo ello fomenta la resiliencia y un cerebro integrado. De hecho, si no haces otra cosa que brindarle a tu hijo la experiencia de sentirse a salvo, consolado, atendido y seguro la mayor parte del tiempo, estás haciendo lo más eficaz que puede hacerse para construir un cerebro integrado y resiliente.

Estrategia #2 para fomentar un cerebro resiliente: enseña a tener «visión mental»

Una de las mejores maneras de fomentar la resiliencia —así como prácticamente cualquier otra cualidad importante ya sea psicológica o relacional— es enseñar a los niños a tener «visión mental». Fue Dan quien acuñó este término, que significa básicamente «capacidad para percibir y entender tu propia mente y la de los demás». Es una forma de detectar y dar sentido a la vida mental que todos tenemos. Se compone de tres facetas: comprensión, empatía e integración. Como explicaremos en capítulos posteriores, se trata de entender tu propia mente; de tener capacidad de autoconciencia y autorregulación.

La empatía consiste en entender la mente de otro, nos permite ver a través de los ojos de otra persona, sentir sus emociones, vibrar con ella. Y la integración, como hemos dicho, es unir partes diferenciadas para que puedan funcionar juntas, ya se trate del cerebro individual o de las relaciones con los demás. La integración en una relación, por ejemplo, respeta las diferencias y cultiva la comunicación compasiva que une a dos o más personas entre sí. Tener visión mental es practicar la comprensión, la empatía y la integración.

La capacidad de visión mental, por lo tanto, es una herramienta que podemos usar para cambiar nuestra perspectiva de una situación y tener más control de nuestras emociones e impulsos con el fin de tomar la mejor decisión en cada momento para mejorar nuestras relaciones con los demás. Al ayudar a los niños a desarrollar esa visión les damos la capacidad de evitar ser víctimas de sus emociones y circunstancias, simplemente porque tienen estrategias para afrontar lo que surja. Como resultado, pueden aprender a usar mente y cuerpo para cambiar cerebro y emociones.

Esto hizo Tina con Alanah, la niña de quien hablábamos al principio del capítulo: le enseñó estrategias para mejorar su percepción y ayudarla a comprender y luego a lidiar con su miedo y su ansiedad. Tina sabía que necesitaba ir quitando capas para descubrir de dónde procedía la ansiedad de Alanah, qué estaba contribuyendo a la excitación de su sistema nervioso y desencadenaba sus frecuentes ataques de pánico. En otras palabras, necesitaba saber por qué su joven paciente tenía una zona verde tan estrecha, por qué carecía hasta tal punto de serenidad y capacidad de recuperación. Pero para empezar Alanah necesitaba un poco de alivio. Le hacían falta herramientas para calmarse cuando el estado de alarma tomaba el control.

Finalmente, Tina le explicó en qué consistía la zona verde y le planteó un objetivo: encontrar formas de pasar más tiempo en su zona verde, donde se sentía tranquila y segura. Empezó luego a introducir algunas herramientas básicas para la visión mental. Cada niño es diferente, por supuesto, y algunas estrategias funcionan mejor que otras. En el caso de Alanah, dos herramientas resultaron especialmente efectivas.

La primera fue el ejercicio de atención plena que detallamos en el segundo capítulo. Tina le pidió a Alanah que hiciera una cosa cada noche justo antes de quedarse dormida: «Cuando tengas sueño y te pesen los párpados y empieces a sentirte relajada, quiero que pongas una mano sobre el pecho y la otra sobre la tripa. Pruébalo ahora y fíjate en lo calmante y relajante que es estar sentada aquí, simplemente respirando, con una mano sobre el pecho y una mano sobre la tripa. Eso es lo que quiero que hagas cada noche justo antes de dormirte.» Tina le explicó la técnica a la madre de Alanah y les puso a las dos los «deberes» de practicarla todas las noches.

Cuando Alanah iba a la consulta de Tina, hablaban de la rutina de la calma nocturna y la practicaban juntas. Al cabo de pocas semanas, Tina comenzó a observar que, cuando Alanah ponía las manos sobre pecho y vientre, inmediata y automáticamente respiraba profundamente. Su tono muscular se suavizaba y se relajaba visiblemente.

La primera vez que esto sucedió, Tina le llamó la atención: «¿Lo notas? ¿Qué acaba de pasar con tu cuerpo?» Lo que estaba haciendo era enseñarle a Alanah a fijarse en lo que le estaba sucediendo físicamente. La niña ni siquiera se había dado cuenta del relajado estado de calma en el que estaba entrando, pero cuando Tina la obligó a fijarse, lo reconoció de inmediato. Las dos, junto con la madre, hablaron de lo que estaba pasando y de los conceptos de serenidad y resiliencia. Tina les explicó que las neuronas que se juntan se conectan entre sí, y que el ejercicio había establecido conexiones en su cerebro para asociar la sensación de las manos sobre el corazón y el vientre con la relajación. Esas neuronas se activaban juntas, por lo que se había creado una conexión entre ellas y establecido una capacidad aprendida. Alanah lo entendió inmediatamente. Comprendió que su cerebro relacionaría la tranquilidad antes de dormirse con el hecho de poner las manos sobre su cuerpo siempre del mismo modo.

El siguiente paso era usar la misma estrategia cuando sentía ansiedad. Tina le explicó que llevaba consigo esas herramientas increíbles, sus manos, adondequiera que fuera; que podría usarlas siempre que empezara a tener miedo, ansiedad y pánico. En la escuela, en casa, en casa de un amigo o en cualquier parte podía desplazar las manos sutilmente hacia el pecho y la tripa para reproducir ese estado de equilibrio y relajación siempre que le hiciera falta. También le enseñó una estrategia cognitiva básica del libro de Dawn Huebner *Qué puedo hacer cuando me preocupo demasiado*. Consistía en que la niña imaginara que tenía un «acosador de la preocupación» sentado en un hombro con el que podía entablar una conversación. Podía agradecer a ese aspecto de su mente que tratara de protegerla de una amenaza imaginaria y que fuera un «revisor» atento siempre al peligro. Pero también podía pedirle al acosador de la preocupación que se relajara a veces y fuera menos elocuente acerca de ese miedo en particular. A Alanah le gustó mucho esta idea y se divirtió con Tina practicando lo que le diría al acosador de la preocupación.

A la semana siguiente irrumpió en la consulta de Tina con los ojos brillantes y una sonrisa de oreja a oreja. Gritó: «¡Lo he conseguido! ¡He parado justo al principio de un ataque de pánico!» Le contó a Tina toda la historia, que una vez más consistía en que se había dejado el almuerzo en casa. Le explicó que cuando había notado que se movía hacia la zona roja y entraba en un intenso estado de estrés debido a su miedo, había puesto en práctica lo aprendido: «Primero moví las manos y respiré profundamente, y luego discutí con el acosador de la preocupación. Le dije: "¡No es un problema grave! Me basta con pedirle dinero prestado a Carissa para comprar el almuerzo. Siempre lleva dinero de más."» Luego añadió, con una tremenda confianza de su propia cosecha: «¡Después le dije al acosador de la preocupación que ya no lo necesitaba para ayudarme a preocuparme por el dinero del almuerzo!»

Obviamente, las herramientas de visión mental habían demostrado ser particularmente efectivas en el caso de Alanah, por lo que ambas celebraron este significativo triunfo de su capacidad de recuperación. Entonces Tina le ofreció una herramienta adicional para cimentar la lección sobre la capacidad de Alanah de usar cuerpo y mente para influir en el funcionamiento de su cerebro. Sin usar el término «neuroplasticidad», le enseñó a la niña los principios básicos de esta capacidad del cerebro.

A Alanah le encantaba la nieve, así que, en una pizarra de la consulta, Tina dibujó una simple montaña nevada y le dijo: «A medida que tu preocupación crece y crece, vas subiendo esta gran montaña nevada. Estás en la cima de esta montaña de preocupaciones, te sientes abrumada. Antes, para bajar, te subías a un trineo y descendías de la montaña hasta llegar a la "Tierra del Ataque de Pánico." Dibujó el camino que descendía por la ladera hasta la Tierra del Ataque de Pánico, al pie de la montaña. «Cuando volvías a estar lo bastante preocupada como para encontrarte de nuevo en la cima de la montaña, te subías al trineo y recorrías el mismo camino, una y otra vez, hasta la Tierra del Ataque de Pánico. Pero ¿sabes lo que has hecho esta vez? Estabas en la cima de la montaña y, en lugar de bajar por el mismo camino hasta la Tierra del Ataque de Pánico, has utilizado las herramientas que tienes y has desviado el trineo para bajar por otro camino. ¡Has llegado a un lugar completamente nuevo! Has descendido por un camino por el que no habías bajado hasta ahora y has llegado a la Tierra de Estoy Relajada y Ha Sido un Buen Día.»

Tina dibujó el camino nuevo antes de proseguir. «Y lo mejor de todo esto es que, la próxima vez que te preocupes tanto que subas a la cima de la montaña sabrás que no tienes por qué bajar por el camino que te lleva a la Tierra del Ataque de Pánico. Es posible que lo tomes de vez en cuando; al fin y al cabo, es el camino que estabas acostumbrada a tomar y las huellas del trineo son hondas. Sin embargo, la nieve sigue cayendo y, cuanto menos uses el camino hacia la Tierra del Ataque de Pánico, más cubrirá esas huellas. Además, cuanto más bajes por el otro camino, más marcado estará y más fácil te será seguirlo de ahora en adelante. Este camino nuevo se convertirá en tu camino de costumbre. Allí te estará esperando el trineo y acabarás pasando un día igual de bueno que hoy.»

Tina dejó espacio para el esperanzador mensaje de la neuroplasticidad recordándole a Alanah el poder de su mente y de su cuerpo para cambiar su cerebro. Le explicó que los caminos de la montaña nevada son como las conexiones de nuestro cerebro. Pueden volverse más pequeñas y débiles o más grandes y más fuertes, dependiendo de cuánta atención les prestemos y de cuánto las usemos. Y esta es solo una forma entre muchas de controlar cómo nos sentimos y cómo respondemos a lo que nos sucede.

Ese es el poder de las herramientas de visión mental. Aprendemos a vigilar y luego a modificar nuestra experiencia interna. La razón por la que creemos tanto en estas herramientas es porque permiten a los niños comprender y aprovechar el poder de su mente para cambiar su forma de ver y responder a sus circunstancias. Les permiten expandir su zona verde. Las herramientas de visión mental permiten a los niños como Alanah sentir ansiedad y preocupación y a pesar de todo permanecer en la zona verde en lugar de caer, por ejemplo, en un ataque de pánico. Del mismo modo que Alanah comprendió que no tenía por qué permanecer impotente frente a sus circunstancias y temores, queremos que todos los niños desarrollen una mentalidad que comienza cuando asumen que son los dueños de su destino y que, a pesar de que la vida es difícil a veces y no siempre consiguen lo que quieren, pueden decidir cómo responder a ella y quiénes quieren ser. Eso es resiliencia.

Niños con un cerebro afirmativo: enseña a tus hijos en qué consiste la resiliencia

Ya hemos enseñado a los niños el concepto de «zona verde» y les hemos hablado de lo que ocurre cuando abandonan la zona verde y entran en la roja o en la azul. Ahora te ayudaremos a fomentar la resiliencia de tus hijos hablando claramente con ellos sobre la necesidad de hacer frente a los retos.

Lo fundamental es ayudar a los niños a afrontar las situaciones problemáticas y a calmarse para que no tengan que soportar impotentes las circunstancias o sus emociones. En otras palabras, hazles saber que en la vida se presentan muchas situaciones difíciles y que es normal que uno las vea como un reto difícil, pero que esas dificultades nos fortalecen. Te proponemos esta manera de empezar la conversación:

Niños con un cerebro afirmativo: enseña a tus hijos en qué consiste la resiliencia.

Derek quería jugar en la Liga Infantil pero tenía miedo.

Sus padres lo animaron, sin embargo. Incluso lo acompañaron al primer entrenamiento y su madre se ofreció para ayudar a entrenar el equipo.

El primer entrenamiento no le gustó, pero el segundo fue bastante divertido. Luego, en el primer partido, anotó y se lo pasó en grande. Ahora le encanta el béisbol. Nunca lo habría sabido si no hubiera sido capaz de superar el miedo y probar algo nuevo.

Niños con un cerebro afirmativo: enseña a tus hijos en qué consiste la resiliencia.

¿Alguna vez te pone nervioso, como a Derek, jugar al béisbol? ¿Alguna vez entras un poco en la zona roja o en la azul?

ZONA ROJA

↑   ↑

ZONA VERDE

↓ ↓ ↓

ZONA AZUL

Ser valiente no es fácil, sobre todo si te sientes fuera de la zona verde. Pero a veces, cuando pruebas algo nuevo, te das cuenta de que puedes hacer más de lo que pensabas.

Es estupendo ser valiente si algo es difícil. Además, tu zona verde se ampliará más y no te perderás ninguna experiencia nueva que pueda gustarte mucho. Aprenderás que puedes hacer cosas difíciles, que la incomodidad y el temor son normales y que, a pesar de ellos, eres capaz de hacerlas.

Mi cerebro afirmativo: fomentando mi propia resiliencia

Ya has pensado bastante sobre el desarrollo de la resiliencia de tus hijos. Ahora tómate un momento y aplícate el cuento. Cuanto más construyamos nuestro propio cerebro afirmativo, más podrán nuestros hijos fortalecer el suyo.

He aquí algunas preguntas para que reflexiones acerca de tu resiliencia hasta ahora y hasta qué punto tienes un cerebro resiliente.

1. ¿Alguna vez has notado un patrón de conducta al que tiendes cuando sales de la zona verde? ¿Qué

factores desencadenantes típicos revelan que tienes una zona verde estrecha? ¿Es el caos de la zona roja donde entras cuando te sientes abrumado, por lo que tiendes a la ira o el enfado? ¿O te mueves hacia la rigidez de la zona azul, encerrándote en ti mismo o sintiéndote destrozado? Algunas personas entran tanto en la zona azul como en la roja cuando no pueden quedarse en la zona verde.

2. ¿Cómo te sientes realmente cuando estás en la zona roja o en la azul? ¿Cuánto tiempo tiendes a permanecer en ellas? Algunas personas tardan en «reconectar». Estas zonas son como abrir la válvula de escape: se pierde el funcionamiento integrativo de la corteza prefrontal del que hablamos en el primer capítulo. En estas condiciones, es difícil para cualquiera volver al estado del cerebro afirmativo integrado y flexible.

3. Cuando estás en la zona azul o roja del cerebro negativo, ¿qué te resulta más efectivo para regresar a la zona verde? Son procesos de reparación diferentes para cada uno de nosotros; tener tu particular estrategia te aporta flexibilidad. A algunas personas les gusta tomarse un respiro, alejarse de la situación. A otras les gusta tomar un trago de agua, escuchar música o hacer estiramientos y reflexionar sobre lo que está sucediendo. Llevar un diario puede ser una estrategia útil para fortalecer tus recursos para regresar a la zona verde.

4. ¿Cuáles son tus «fronteras de crecimiento», las áreas particulares que necesitan el fortalecimiento de tus

recursos de resiliencia? ¿Hay algún tema en particular para el que tienes una zona verde estrecha? ¿Alguna situación constituye para ti un verdadero reto? ¿Estás atento a tu mundo interior para detectar los signos de que estás abandonando la zona verde por la rigidez de la azul o el caos de la roja a causa de algún reto que se te plantea en este momento en tu vida? ¿Te cuesta regresar a la zona verde desde la azul o la roja?

5. ¿Puedes contribuir a tu propio crecimiento? Esto implicaría buscar un poco de ayuda de amigos, familiares u otras personas en caso necesario y adquirir tus propias habilidades de autorregulación para diferentes situaciones.

En muchos sentidos, construir tu propia resiliencia es construirte un cerebro afirmativo. Haciendo este importante trabajo, no solo desarrollarás el estado mental que te conviene sino que, modelando tu estilo de vida con un cerebro afirmativo y afrontando los desafíos con resiliencia, ¡estarás ayudando a tu hijo! Todos crecemos a lo largo de la vida, así que disfruta de la experiencia de construir estos circuitos de fortaleza y bienestar.

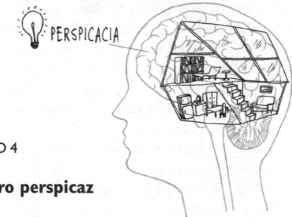

PERSPICACIA

CAPÍTULO 4

El cerebro perspicaz

Tina se estaba arreglando una mañana cuando su hijo de ocho años, Luke, entró llorando en el baño. Así cuenta ella la historia:

Cuando hube ayudado a Luke a calmarse lo suficiente para poder hablar, me explicó que J. P., su hermano de cinco años, le había hecho «una estrella de cinco puntas». Yo desconocía la expresión, por lo que me explicó que significaba abofetear a alguien tan fuerte que le dejas una marca en la piel y las huellas de los dedos parecen las puntas de una estrella. Se levantó la camisa, y, efectivamente, vi los cinco puntos rojos de la estrella y la forma de la mano de un niño de cinco años en la piel de la espalda de Luke.

Lo consolé y fui a buscar a su hermano menor, el perpetrador, que obviamente seguía en la zona roja. Si me has escuchado, es probable que hayas oído alguna de mis historias acerca de ocasiones en las que me he comportado mal como madre. Sin embargo, esa mañana estaba en la zona verde y era lo suficientemente consciente como para hacer de ese momento de disciplina lo que deberían ser todos los momentos de disciplina: una situación de aprendizaje, un tiempo para desarrollar habilidades. Era una ocasión perfecta para ayudar a J. P. a desarrollar el tercer elemento fundamental de un cerebro afirmativo: la perspicacia.

Reconociendo que todavía estaba en un estado emocional escasamente receptivo en el que poco sería capaz de aprender, supe que sería más efectivo conectar con él antes de redirigirlo. Me arrodillé y lo abracé, lo consolé y calmé diciéndole: «Oh, qué enfadado estás. Ven aquí.»

Cuando los sollozos cesaron, se relajó un poco y empezó a calmarse, le dije con empatía: «Sé que sabes que no está bien pegar. ¿Qué ha pasado?»

Haciéndole esta pregunta estaba implementando una estrategia que detallamos en *El cerebro del niño*: «Verbalízalo para dominarlo.» Dejé que J. P. diera su versión de los hechos (eso lo ayudó a calmarse aún más mientras verbalizaba cómo se sentía), para que dominara sus emociones. Explicó que los dos habían estado hablando por teléfono con su abuela y que él le estaba contando un chiste. Entonces, justo cuando terminaba de contárselo, Luke se lo había chafado. Después de colgar, J. P. había tratado de decirle a Luke lo molesto que estaba, y Luke se había burlado de él.

Yo empaticé con J. P. y le permití expresar su inmensa frustración por lo que, para él, era claramente una violación de la etiqueta en lo referente a contar chistes, tan significativa que justificaba el uso de la nueva técnica de la estrella de cinco puntas. Luego usé este momento de disciplina (y te recuerdo que el objetivo de la disciplina siempre es enseñar) para desarrollar la visión mental de mi hijo de cinco años.

J. P. se calmó aún más cuando lo tranquilicé, así que le hice preguntas para que analizara su experiencia, el instante en que había entrado en la zona roja y perdido el control: «¿Qué sensaciones físicas tenías cuando te ha pasado eso? ¿Ha habido un momento en que has sabido que ibas a explotar?» Quería que pensara y entendiera mejor lo que había sucedido dentro de él para llegar a hacer lo que había hecho.

Luego dirigí la conversación con naturalidad planteándole otras preguntas: «Cuando sientes esa furia crecer en ti, ¿qué más puedes hacer para expresarla? ¿Qué te funciona mejor? ¿Qué te calma cuando estás muy enfadado y tu cerebro inferior te domina?» Una vez hube conectado con él y le hube ayudado a tener una visión mental mediante nuestro diálogo reflexivo, pude pasar a la fase de «reconducción» preguntándole qué podía hacer para arreglar las cosas con su hermano.

Como explicamos en *Disciplina sin lágrimas*, la disciplina efectiva —centrada no en el castigo sino en la enseñanza— apunta a dos objetivos principales: el primero, obtener cooperación a corto plazo, deteniendo una mala conducta o promoviendo una buena; el segundo, desarrollando las habilidades de nuestros hijos y promoviendo en ellos las conexiones cerebrales que los ayudarán a tomar mejores decisiones y a manejarse bien en el futuro. Estos eran los objetivos de Tina mientras hablaba con J. P. Logró el primer objetivo conectando emocionalmente con su hijo para que se calmara y fuera receptivo al aprendizaje. No iba a aprender mucho hasta que lo llevara a la zona verde receptiva, donde podría interactuar con sus circuitos de aprendizaje. El segundo objetivo era ayudarlo a ser más consciente de sus propios sentimientos y reacciones, para que tomara buenas decisiones (y con más serenidad) cuando estuviera molesto en el futuro, a medida que se desarrollara. Tina quería que se volviera más perspicaz.

Construyendo un cerebro perspicaz

De todos los fundamentos del cerebro afirmativo que trataremos en este libro, puede que el de la perspicacia sea aquel en el que menos has pensado. En pocas palabras, la perspicacia es la capacidad de mirar dentro de uno mismo y entenderse y luego usar lo aprendido para tener más control sobre nuestras emociones y circunstancias. Y eso no es fácil, ni para los niños ni para los adultos. Pero vale la pena el esfuerzo de adquirirla y desarrollarla. La perspicacia es un elemento clave de la inteligencia social y emocional, así como de la salud mental. Sin ella, es prácticamente imposible entenderse a uno mismo y mantener y disfrutar de las relaciones con los demás. En otras palabras: es un requisito fundamental para una vida llena de creatividad, felicidad, significado y sentido. Si esa es la vida que quieres para tus hijos, enséñales a ser perspicaces.

Un aspecto básico de la perspicacia es la simple observación. La perspicacia nos permite observar y prestar mucha atención a nuestro mundo interior. Es común que todos, niños y adultos, no seamos conscientes de lo que realmente sentimos y experimentamos. Algunas veces nos molestamos y reaccionamos de inmediato, como hizo J. P., pero otras nos enfadamos y ni siquiera nos damos cuenta de que estamos enfadados o incluso lo negamos. Nos sentimos heridos, decepcionados, insultados o celosos y actuamos influidos por esos sentimientos, a pesar de que, en realidad, no tenemos ni idea de que nos sentimos así.

Las emociones en sí no son el problema. No te equivoques. Los sentimientos son importantes, aunque sean incómodos o, como solemos decir, «desagradables». El problema surge cuando experimentamos esas emociones, pero sin ser conscientes de ello. En tal caso, esos sentimientos de los que no somos conscientes pueden llevarnos a todo tipo de actos y decisiones perjudiciales, indeseados o involuntarios, en los que probablemente no incurriríamos si fuésemos conscientes de cómo nos sentimos. Esa es una razón fundamental por la que queremos adquirir perspicacia. Enfoca la luz de la conciencia sobre las emociones que nos afectan para que podamos elegir cómo actuar.

> Sentimientos de los que no somos conscientes pueden llevarnos a todo tipo de decisiones y actos perjudiciales, indeseados o involuntarios, en los que probablemente no incurriríamos si fuésemos conscientes de cómo nos sentimos.

Y no solo queremos ser conscientes de nuestros sentimientos. En *El cerebro del niño* introdujimos el acrónimo SIFT que corresponde a «sensaciones, imágenes, sentimientos y pensamientos» (*sensations, images, feelings and thoughts* en inglés): los impulsos e influencias que experimentas interiormente. Podemos añadir a esa lista los recuerdos, sueños, esperanzas, anhelos y otras influencias de la mente. La perspicacia es el resultado de SIFTear esas influencias y prestarles atención. Haciéndolo, aumenta nuestro poder sobre ellas y, aunque sigan afectándonos, no lo harán sin nuestro conocimiento y podremos esforzarnos en guiar esos impulsos en lugar de permitirles pisotearnos y obligarnos a tomar decisiones y realizar actos destemplados y perjudiciales para nosotros y para quienes nos rodean. Por eso decimos que la perspicacia te da poder.

¡Un poder tremendo! Con perspicacia no estamos indefensos frente a nuestros sentimientos y nuestras circunstancias. Podemos ver lo que sucede en nuestro paisaje interior y tomar decisiones conscientes y voluntarias en lugar de seguir ciegamente impulsos destructivos e inconscientes.

> La perspicacia te da poder. ¡Un poder tremendo! Con perspicacia no estamos indefensos frente a nuestros sentimientos y nuestras circunstancias. Podemos ver lo que sucede en nuestro paisaje interior y tomar decisiones conscientes y voluntarias en lugar de seguir ciegamente impulsos destructivos e inconscientes.

El jugador y el espectador

Cuando hablamos de mirar lo que sucede en nuestro paisaje interior, nos referimos a reconocer e incluso aceptar las emociones que estamos experimentando en el momento, observando al mismo tiempo nuestras reacciones a esas emociones. Científicos, filósofos, teólogos y muchos otros pensadores han analizado esta idea desde hace siglos. A veces, la han descrito como el hecho de ser conscientes de diferentes planos de conciencia o han hablado de modos duales de procesamiento de información. Se exprese como se exprese, en esencia es que sentimos lo que sentimos en un momento dado y nos observamos sintiéndolo. Somos el observador y lo observado, el experimentador y el testigo de la experiencia. Para decirlo de un modo que los niños puedan entender, somos al mismo tiempo el jugador y el espectador que está en las gradas. Por ejemplo, imagínate en el coche. Has llevado a tus hijos al cine y has decidido derrochar y comprar palomitas de maíz a un precio escandaloso en lugar de prepararlas tú mismo en casa, en el microondas, y entrarlas a escondidas en el bolso o los bolsillos del abrigo. (También lo has hecho, ¿verdad?) Ahora, de camino a casa, en lugar de estar contentos y agradecidos, tus hijos se quejan y discuten sobre quién hace qué primero y la discusión es cada vez más fuerte. Quizás es un día especialmente caluroso y, por alguna razón, el aire acondicionado del coche no funciona bien. A medida que el caos aumenta en el asiento trasero, también aumenta el de tus emociones y empiezas a entrar en la zona roja.

Estás a punto de perder los estribos. Sin perspicacia, tu cerebro inferior podría apoderarse por completo del control y llevarte a explotar, gritando y sermoneando a tus hijos sobre la gratitud y enumerando las características definitorias de un niño mimado.

A esta versión de ti mismo en ese momento, la que va a casa desde el cine, la llamaremos «jugador», como se ve en la ilustración superior de la página siguiente. Estás en pleno partido, en el campo, justo en el meollo del asunto. Y es difícil para el jugador hacer otra cosa que seguir jugando y sobrevivir a cualquier acontecimiento que se produzca a continuación.

Pero ¿qué pasaría si pudieras observar esta versión de ti mismo, en ese mismo momento, desde un punto externo al caos? Mientras que el jugador está en pleno partido y no tiene perspectiva, este observador sería el «espectador», que simplemente mira lo que sucede desde las gradas, como se ve en la ilustración inferior de la página siguiente.

Un espectador que estuviera en las gradas podría mantener la compostura de una manera que un jugador en el campo no podría, ¿lo ves?

El espectador puede mantener la perspicacia y la perspectiva, incluso mientras el jugador vive frenéticamente cada momento. Este tipo de percepción y de perspectiva es realmente útil cuando estás en un coche muy caldeado y notas que una zona roja, una rabieta de adultos, se avecina mientras llevas a tus gruñones hijos a casa desde el cine.

En el coche caluroso eres el jugador en pleno partido. Pero también puedes imaginar otra versión «espectadora» de ti mismo flotando por encima del coche, mirando hacia abajo a tu versión de jugador con tus hijos en el asiento trasero.

El jugador y el espectador.

El espectador no tiene por qué ser esclavo de las emociones y el pandemónium del coche. Su trabajo consiste únicamente en observar lo que le está pasando al jugador. Solo observa. No juzga ni condena ni saca defectos porque sabe que los sentimientos son importantes, incluso los negativos. Simplemente ve la situación y se da cuenta de lo que está sucediendo, también de que la ira del jugador va en aumento.

Mientras que el jugador está a punto de perder los estribos y puede que no sea consciente de todos los sentimientos que actúan en su interior, el espectador puede SIFTear toda la situación y tener una perspectiva mucho más completa —y más sana— de la misma, incluso puede encontrarla divertida.

¿Qué crees que el espectador diría en esta situación? En otras palabras, si pudieras verte un segundo sentado en el coche, agarrando el volante con los nudillos blancos desde una posición tranquila y pacífica fuera de las circunstancias actuales, ¿qué te dirías a ti mismo? El espectador podría decir algo así como: «Es para enfadarse. ¿Quién no se enfadaría? Soy humano. Pero ten en cuenta que los niños están cansados y yo también lo estoy. No suelen portarse como unos malcriados. Solo son niños. Voy a inspirar profundamente y a notar cómo me relajo. Luego voy a poner

El espectador te da perspectiva.

esa canción que les gusta y trataré de no decir nada de lo que me arrepienta. Enseguida llegaremos a casa y todos podremos calmarnos. Si necesito comentarles algo acerca de su comportamiento, lo haré cuando todos estemos nuevamente en la zona verde.»

No estamos diciendo que este tipo de percepción y de conocimiento sea fácil. Requiere práctica. Pero si estás dispuesto a trabajar en ello, el simple hecho de observarte puede aumentar en buena medida la perspicacia necesaria para controlar cómo te comportas en situaciones perturbadoras. ¡Es tan útil!

Este es un ejemplo sobre la perspicacia de los padres, evidentemente, pero ya ves que la misma idea es aplicable también a los hijos. Comprender esto requiere un cierto grado de desarrollo y será más alcanzable a medida que los niños crezcan y se vuelvan más expertos en el pensamiento abstracto. Sin embargo, aunque tus hijos sean pequeños, puedes empezar a sentar las bases ayudándolos a prestar atención a sus sentimientos y a la forma en que reaccionan físicamente cuando se enfadan.

La clave de la perspicacia, tanto para los adultos como para los niños, es aprender a hacer una pausa en pleno acaloramiento y situarse en la posición del espectador. Ahí reside el poder: en la pausa.

El poder está en la pausa

La perspicacia consiste en desarrollar y utilizar la capacidad de detenerse en el momento presente y convertirse en espectador mirando al jugador, con la distancia necesaria para ver con claridad, poner las cosas en perspectiva y tomar decisiones sensatas. Con demasiada frecuencia recibimos un estímulo y reaccionamos de inmediato. El ruido en el coche recalentado provoca una crisis familiar. O un alumno de cuarto demasiado responsable ve una pregunta difícil en un examen de matemáticas y se pone tan nervioso que no puede responderla, ni siquiera conservar la calma para terminar el examen con buen pie.

Cuando no hay pausa, la reactividad toma el control y es prácticamente imposible permanecer en la zona verde. Así es como entramos en un estado del cerebro negativo.

Sin embargo, si insertamos una breve pausa, todo cam-

Génesis de un colapso emocional.

bia. El espectador que te está observando en el coche recalentado interviene y te recuerda que respires profundamente y analices la situación con perspectiva. O cuando tu hija de nueve años pierde los papeles por la dificultad de la pregunta de matemáticas, una pausa le permite a su espectadora intervenir y darle a la versión «jugadora» de sí misma la oportunidad de respirar despacio y relajarse un poco. De nuevo, la diferencia, así como el poder, está en la pausa.

¿Es fácil para un niño hacer una pausa en un momento difícil? Por supuesto que no. ¿Es algo natural para la mayoría? No más que para la mayoría de los adultos. Una vez más: la perspicacia es una habilidad que hay que aprender y practicar. Para que esta alumna de cuarto logre este tipo de per-

cepción y se diga que tiene que reducir la ansiedad, tiene que haber habido adultos en su vida que le hayan hablado de esta habilidad (y dado ejemplo) y le hayan dado un montón de oportunidades para practicarla. En este caso, ella y su padre mantuvieron varias conversaciones sobre su tendencia a ponerse nerviosa en los exámenes e idearon un «recordatorio secreto» en el que podía confiar cuando sentía ansiedad. Él le enseñó la importancia de fijarse en el miedo —el trabajo del espectador— y luego mirar su reloj, que le recordaría otra palabra que empieza por las mismas letras: respira.

Después puede tratar de relajar los hombros y aflojar los músculos, liberando la tensión y la ansiedad que amenazan con dominarla. Hola, cerebro afirmativo. Y todo empieza con la pausa, que produjo la flexibilidad de respuesta de la que hemos hablado anteriormente.

Para decirlo de la manera más simple posible, entre el estímulo y la respuesta tenemos que hacer una pausa. La pausa impide el automatismo de reaccionar de inmediato a un estímulo y nos permite elegir cómo respondemos, tanto emocional como conductualmente.

Sin la pausa, y la perspicacia que esta aporta, no hay elección, es todo reacción. Pero cuando ejercitamos la flexibilidad de respuesta y la pausa antes de responder, insertamos un espacio temporal y mental entre el estímulo y la acción. Desde una perspectiva neurobiológica, este espacio mental nos permite tener en cuenta todas las posibilidades. Podemos simplemente «estar» experimentando una situación y reflexionar sobre ella un momento antes de ocuparnos de «hacer», del circuito de la acción. La flexibilidad de respuesta nos ofrece la posibilidad de elegir ser nuestro «yo más sabio» en ese momento, lo que reduce el estrés, nos aporta más felicidad y se la aporta a quienes conviven con nosotros.

De nuevo, nos damos cuenta de que hacer una pausa en pleno acaloramiento es algo más fácil de decir que de hacer. Pero puedes hacerlo. Realmente puedes. Hoy. Y con la práctica, se te dará cada vez mejor. Puede que se convierta o no en tu mecanismo predeterminado, pero te parecerá cada vez más natural como respuesta cuando te enfrentes a situaciones difíciles.

Enseñar a los niños el poder de la pausa

Lo más apasionante es que puedes ayudar a tus hijos a desarrollar esta habilidad tan crucial ahora mismo. La niña del examen de matemáticas desarrolló la capacidad de hacer una pausa para calmarse y tus hijos pueden aprender a ser perspicaces cuando se enfrenten a obstáculos parecidos. Imagina lo distinta que puede ser su vida —mientras sigan siendo niños y después, en la adolescencia y la vida adulta— si aprenden ahora a hacer una pausa para tomar decisiones meditadas en las situaciones

Imagina lo distinta que puede ser su vida —mientras sigan siendo niños y después, en la adolescencia y la edad adulta— si aprenden ahora a hacer una pausa para tomar decisiones meditadas en las situaciones difíciles. Luego imagina con cuánta más calma y cariño serán capaces de criar a sus propios hijos. Si les enseñas a desarrollar la perspicacia y la flexibilidad de respuesta a tus hijos ahora que son pequeños, estarás cimentando literalmente generaciones de éxito emocional y relacional.

difíciles. Luego imagina con cuánta más calma y cariño serán capaces de criar a sus propios hijos. Si les enseñas a desarrollar la perspicacia y la flexibilidad de respuesta a tus hijos ahora que son pequeños, estarás cimentando literalmente generaciones de éxito emocional y relacional.

Conocemos a una niña de primero de Primaria, Alice, que demostró a la perfección su idea de en qué consiste un cerebro afirmativo. Un día sus padres le dijeron que la familia iba a mudarse a otra ciudad. Dejar su casa y a sus amigos era lo último que Alice quería, así que lloró mucho cuando le dieron la noticia. La escucharon y la dejaron llorar. No olvides que el objetivo de la perspicacia no es cortocircuitar los sentimientos. Los sentimientos son buenos y una respuesta importante y saludable a los estímulos. Más que evitar las emociones, nuestro objetivo es vivirlas y desarrollar la perspicacia necesaria para tomar decisiones mejores y más sanas en respuesta a tales estímulos.

Cuando Alice hubo tenido tiempo de asimilar la noticia, hizo una pausa y decidió hacer una cosa que le encantaba: relatar la situación. Escribió estas palabras y, con ayuda de su padre, grabó un vídeo para acompañarlas.

Bombillas

Los cerebros son importantes. Contienen muchos sentimientos, como la tristeza, la desesperación, la felicidad, la alegría. Imagino los sentimientos como una ristra de bombillas. Cuando soy feliz, las bombillas están encendidas. Cuando hay demasiadas bombillas encendidas a la vez, me siento confusa y asustada.

Ahora me siento así porque voy a mudarme. Estoy triste y me asusta la mudanza, pero también estoy un poquito emocionada.

Si alguna vez te parece que hay demasiadas bombillas encendidas a la vez, siéntate tranquila e inspira profundamente. Te sentirás bien.

A eso nos referimos cuando hablamos de usar la perspicacia para dominar nuestras emociones y nuestro modo de responder a las circunstancias. Alicia era consciente de la tristeza y el miedo que sentía (y de la ligera emoción), así que fue capaz de prestar atención a esos sentimientos y responder a ellos de una forma productiva y sana. Si te fijas, el relato está escrito desde la perspectiva de la «espectadora». Alice la «jugadora» era la que lloraba, la que estaba confusa y asustada. Era una faceta importante y tenía que ser consciente, tenía incluso que aceptar esa faceta de sí misma. Pero como podía acudir a su espectador y ver la situación «desde fuera», también podía ser perspicaz y tener perspectiva. Estaba demostrando su integración: podía aceptar tanto a la jugadora como a la espectadora como parte de su mente. Esa es la esencia de la integración: unir diferentes partes de nuestras experiencias y unir nuestras facetas. Y la integración es el núcleo de un cerebro afirmativo. Alice incluso podría haber aconsejado a otros que estuvieran pasando un mal trago, como puedes ver por su recomendación de sentarse en silencio y respirar profundamente, que evidentemente se corresponde con la pausa entre el estímulo y la respuesta.

Pocos niños de seis años poseen esta clase de perspicacia del cerebro afirmativo y mucho menos son capaces de expresarla con tanta claridad. Alice tenía unos padres que le habían enseñado un vocabulario emocional y que habían respetado y prestado atención a su mundo interior. Practicando, la mayoría de los niños aprenden a conocerse mejor y a responder con más flexibilidad. Un niño al que sus padres habían enseñado la técnica «verbalízalo para dominarlo» era capaz a los cuatro años de usar la estrategia de volver a contar sus experiencias para calmar las fuerzas que lo perturbaban.

Un día, por ejemplo, pasó la tarde en casa de su primo mayor y vieron un episodio de *Scooby-Doo* en el que salía una casa encantada llena de fantasmas terroríficos (que, por supuesto, no eran más que trucos del malo de la historia, cuyo malvado plan habría tenido éxito de no ser por los entrometidos chicos... el típico argumento de la serie). A la hora de acostarse el niño le dijo a su madre: «Mamá, necesito contarte otra vez la historia de *Scooby-Doo*.» Le contó lo que había visto y ella le hizo preguntas acerca de los detalles y de todo lo que le daba miedo —«¿Y cómo era ese fantasma?»— para ayudarlo a reformular sus miedos y a recordar que los fantasmas habían resultado no ser más que, como había dicho él, «una camisa de esas transparentes en una tirolina».

Pidiendo volver a contar la historia, este niño estaba demostrando perspicacia, reconociendo desde la posición de espectador que necesitaba hacer algo para ayudar a la versión «jugador» de sí mismo a estar menos asustado en aquel momento. Básicamente, demostraba flexibilidad de respuesta y hacía una pausa antes de reaccionar al estímulo de las imágenes terroríficas que tenía en la cabeza. Tras la pausa pudo elegir actuar de un modo saludable y productivo.

Esta es la clase de perspicacia propia de un cerebro afirmativo. Es la que queremos para nuestros hijos, para que sean conscientes de sí mismos y vigilen los sentimientos y las reacciones que tienen. Cuando se les presente una dificultad, queremos que sean capaces, en la medida en que se lo permitan su edad y su grado de desarrollo, de prestar atención a su mundo interior y de darse cuenta de que se están enfadando. El simple hecho de notar los sentimientos de angustia puede ayudarlos a tomar las riendas y evitar perder el control de cómo se sienten y se comportan. Esto significa que la perspicacia les aporta no solo más comprensión de su mundo interno y sus emociones, sino también más control de sus sentimientos y conductas. El control proviene de la integración. La perspicacia crea integración al permitirnos ser conscientes y vincular los diferentes aspectos de nuestra experiencia. Y esta regulación adicional, este equilibrio, aporta más paz y felicidad al niño y a toda la familia.

> La perspicacia les aporta no solo más comprensión de su mundo interno y sus emociones, sino también más control de sus sentimientos y conductas.

Qué puedes hacer: estrategias del cerebro afirmativo que fomentan la perspicacia

Estrategia #1 para fomentar un cerebro perspicaz: reformular el sufrimiento

Muchos niños —y seguramente también muchos adultos— ven las dificultades como algo negativo de por sí. Si una opción es más fácil que otra, entonces tiene que ser mejor. Sin embargo, esta es la visión del jugador, de la parte de nosotros que vive el momento y solo trata de sobrevivir. El espectador es más sabio, y ésta es la clase de perspicacia que queremos enseñar a nuestros hijos. Queremos reformular el dolor que están sintiendo para que lleguen a entender que las dificultades no siempre son algo malo por lo que hay que pasar. El planteamiento de Carol Dweck —mentalidad de crecimiento *versus* mentalidad inamovible— es importante. Cuando se trata de dificultades, tener la mentalidad de que podemos crecer a partir del esfuerzo y la experiencia nos permite abordar los desafíos con entusiasmo y valor, características que el trabajo de Angela Duckworth, otra investigadora, ha demostrado que dan a los niños la capacidad de persistir frente al desafío. Por el contrario, con una mentalidad inamovible creemos que las situaciones difíciles revelan nuestras debilidades, que no podemos cambiar nuestras capacidades innatas con esfuerzo, así que tendemos a evitar los retos. Creemos que siempre debemos tener éxito, que la vida debería ser fácil.

Apoyar a nuestros hijos no es darles el sermón de que «la vida no es justa» ni predicarles acerca del valor del trabajo duro y de posponer la recompensa. Podemos enseñarles que la vida consiste en un viaje de esfuerzo y descubrimiento, no en el destino del éxito a nuestro alcance con facilidad. Así podemos aportarles perspicacia que respalde una mentalidad de crecimiento. Es una buena lección que los niños deben aprender, y hay un buen modo de afrontar las situaciones difíciles que puedes fomentar en ellos haciéndoles una pregunta sencilla que contribuya a desarrollar su perspicacia: «¿Qué prefieres?»

Imagina, por ejemplo, que a tu hija de diez años le encanta jugar como portera para su equipo de hockey, pero aborrece la idea de seguir practicando aparte de los entrenamientos normales de su equipo. Al darte cuenta de que este es el problema, podrías tener la tentación de hacerle un discurso acerca de que nada que valga la pena es fácil o de que el trabajo gana al talento cuando el talento no trabaja. Pero ¿y si en vez de hacer eso simplemente la ayudas a ver la situación con más claridad para que pueda tomar una decisión más fundada y perspicaz? La conversación podría ir así:

HIJA: Crystal siempre hace de portera y yo nunca.

PADRE: Es decepcionante, ¿verdad?

HIJA: Sí. Ya sé que es buena y tal, pero solo porque la entrenadora practica con ella después del entrenamiento.

PADRE: ¿Te gustaría quedarte tú también después del entrenamiento y practicar con la entrenadora? Ya se ofreció a hacerlo.

HIJA: Es que el entrenamiento dura una hora y media. Es mucho tiempo patinando.

PADRE: Entiendo. Plantéatelo así. Ya sabes que hemos hablado mucho del esfuerzo.

HIJA: Ya lo sé, papá. Tengo que esforzarme si quiero ser buena... Me lo has dicho un millón de veces.

PADRE: No es eso lo que iba a decirte. Iba a decirte que, de todos modos, tendrás que sacrificarte. Lo bueno es que podrás escoger en qué.

HIJA: ¿Eh?

PADRE: Bueno, harás un sacrificio si decides quedarte a practicar el patinaje hacia atrás y las maniobras de defensa después del entreno, pero también si decides no dedicarle más tiempo, porque estarás sacrificando la posibilidad de mejorar y llegar a ser más a menudo la portera de los partidos.

HIJA: Supongo que sí.

PADRE: En serio, piénsalo. Sé que las dos opciones tienen inconvenientes, pero en cierto modo es genial porque puedes elegir qué prefieres. Puedes optar por esforzarte entrenando más y tal vez llegar a jugar más de portera o elegir salir del hielo antes y pasar menos tiempo en la portería. Depende únicamente de ti.

¿Ves? Este padre ha reformulado el problema de su hija. La ha ayudado a distanciarse de la situación y verla desde la posición de espectadora, desde la que puede ver mejor sus opciones. Y lo ha hecho sin evitarle el tener que tomar una decisión ni ahorrarle la incomodidad de hacerlo. Simplemente la ha ayudado a entender que tiene voluntad propia y a ver que no tiene por qué sentirse una víctima que no puede opinar sobre el asunto. La está ayudando a cultivar la perspicacia.

Podrían hacer falta unas cuantas conversaciones como esta antes de que la idea realmente cale en ella, y no estamos diciendo que esta técnica vaya a eliminar toda la frustración o la autocompasión de los niños que afrontan decisiones difíciles. Pero con el tiempo, a medida que aprenda a usar su «visión de espectadora» y le recuerden una y otra vez que con frecuencia puede elegir lo que sucede en su vida, esta niña adquirirá más determinación y fortaleza además de perspicacia y conocimiento de sí misma. ¿Te lo imaginas? ¡La capacidad de pensar de esta manera le será muy útil cuando tenga que tomar decisiones difíciles e importantes a lo largo de su vida!

El de preferir un sacrificio a otro es un planteamiento un tanto sofisticado para muchos pequeños, pero siempre podemos construir la base para llegar a dominar el concepto

Reformular el sufrimiento.

básico. Cuando una niña de tres años se resiste a prepararse para irse, podemos decirle: «Si vamos a ver a la tía Lola, tienes que ponerte los zapatos. Te hacía mucha ilusión verla. ¿Todavía quieres ir?» Así tu pequeño adquiere práctica en elegir entre dos alternativas negativas (ponerse los zapatos o no estar con la tía Lola). Por supuesto, debes tener cuidado con esta técnica, porque hay muchas veces en que no es una opción, por ejemplo, dejar de ir a casa de la tía Lola. No es divertido que tu hijo de tres años te ponga en evidencia y tengas que encontrar una forma de arreglar la situación.

El fin último, mientras los niños pasan de refunfuñar para ponerse los zapatos a tomar una decisión acerca de si entrenar y a decidir cómo resolver los problemas de álgebra, es ayudarlos a adquirir confianza en su capacidad de evaluar y entender sus propios sentimientos, a ser perspicaces.

Las últimas investigaciones respaldan esta nueva perspectiva sobre las dificultades y la flexibilidad de respuesta, que va más allá de los problemas diarios que tienen los niños. Incluso un verdadero trauma y sus efectos se pueden mitigar dependiendo de la manera en que un niño interpreta la experiencia. Dos personas diferentes pueden experimentar el mismo suceso y una puede quedar traumatizada y la otra no. Incluso hay un término técnico, «crecimiento postraumático«, para describir los momentos en que un individuo experimenta una profunda transformación positiva como resultado de lidiar con el trauma y otros retos de la vida. Mientras que algunas personas están gravemente traumatizadas, otras —según algunos estudios hasta el setenta por ciento de quienes sobreviven a un trauma— mencionan resultados positivos del sufrimiento (más fortaleza, gratitud hacia los seres queridos y la vida en general o mayor empatía, entre otros).

La diferencia estriba nuevamente, en buena parte, en el poder de la pausa, que aporta perspicacia y permite elegir cómo respondemos y extraer un significado de las experiencias confusas o aterradoras. La perspicacia y nuestro modo de entender una dificultad, más que la dificultad en sí, determinan hasta qué punto y de qué manera, afirmativa o negativa, la experiencia nos afecta. El simple hecho de darnos cuenta de que el estrés puede significar que nos está sucediendo algo significativo transforma la forma en que nuestro cerebro interpreta la tensión muscular y el aumento del ritmo cardíaco y de la respiración. Si tenemos la perspicacia de replantearnos el estrés como algo inevitable cuando una cosa nos preocupa, eso puede cambiar un resultado negativo por uno neutro o incluso afirmativo. Por eso debemos reformular el sufrimiento de nuestros hijos y enseñarles que, con la práctica, pueden llegar a elegir su forma de ver las circunstancias molestas. No pueden controlar todo lo que les sucede, pero sí, con nuestra ayuda, adquirir y practicar la capacidad de hacer una pausa en lugar de reaccionar automáticamente, de tomar conciencia de lo que están sintiendo sin tener que responder impulsivamente y luego elegir sobre cómo interactuar con su mundo.

Estrategia #2 para fomentar un cerebro perspicaz: evitar la erupción del volcán rojo

Una forma práctica de enseñarles a los niños en qué consisten el jugador y el espectador es hablarles del volcán rojo. Es un concepto simple que los niños de cualquier edad entienden enseguida, basado en el funcionamiento del sistema nervioso autónomo, algo de lo que ya hemos hablado en el segundo capítulo. Recordarás que un sistema nervioso simpático hiperexcitado (el pedal del acelerador) nos envía a la zona roja cuando nos enojamos. Este estado de hiperexcitación de la zona roja nos parece particularmente útil cuando se trata de ayudar a los niños a comprender y controlar sus emociones y su conducta.

La idea, en su forma más simple, es que cuando alguien —niños y adultos por igual— se enfada por algo, la excitación de su sistema nervioso aumenta. Lo notamos físicamente: el corazón nos late más rápido, respiramos agitadamente, tensamos los músculos y la temperatura de nuestro cuerpo aumenta. Podemos imaginar nuestra respuesta emocional a un estímulo perturbador como una curva acampanada, que a los niños les decimos que es el volcán rojo.

A medida que nos enfurecemos subimos hacia la cima del volcán. Y ahí está el peligro, porque cuando llegamos al punto más alto de la curva, entramos en la zona roja y estallamos, perdemos el control de las emociones, las decisiones y la conducta. Al final «completamos la curva» y bajamos por la otra ladera del volcán para regresar a la zona verde. Sin embargo, es preferible no llegar a alcanzar la zona roja de la cima de la montaña, donde perdemos el control y estallamos.

No olvides que no tiene nada de malo enfadarse. Eso es algo importante que queremos que nuestros hijos sepan. Es bueno y saludable para ellos tener sentimientos —incluso y tal vez sobre todo sentimientos fuertes— y expresarlos. Esto es tan aplicable a los incómodos sentimientos desagradables como a los cómodos sentimientos agradables. Y está muy bien que sean conscientes de la

El volcán rojo

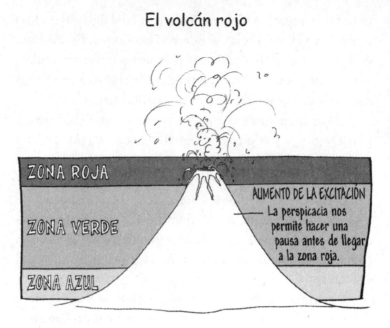

ZONA ROJA

ZONA VERDE

ZONA AZUL

AUMENTO DE LA EXCITACIÓN
La perspicacia nos permite hacer una pausa antes de llegar a la zona roja.

excitación del sistema nervioso que estos sentimientos tan fuertes producen y que lo cuenten o se lo digan a sí mismos. De hecho, es realmente útil aceptar la respuesta interna en lugar de tratar de sofocarla, porque esa excitación nos alerta de que estamos empezando a escalar la montaña avanzando hacia la erupción. El aumento de la frecuencia cardíaca, la respiración superficial y los músculos tensos son señales de advertencia importantes a las que debemos prestar atención y que pueden ayudarnos si lo hacemos en una situación en que nuestra vida peligra. Por lo tanto, queremos que los niños sepan que es bueno tener emociones, aceptar lo que sea que su cuerpo esté experimentando, pero también queremos ayudarlos a desarrollar la perspicacia para reconocer cuándo su sistema nervioso simpático se está excitando y llevándolos a la cima del volcán rojo. Si reconocen eso, podrán hacer esa pausa tan eficaz entre el estímulo y la respuesta. Sin ella, los niños suben directamente a la cima de la montaña y a la caótica e ingobernable zona roja, donde estallan.

Este concepto encaja con la idea del jugador y el espectador. Imagina, por ejemplo, que tienes un hijo de ocho años que, como habrás notado, pasa directamente de la dulzura a la irritación cuando lleva un par de horas sin comer. Sin entrar en todos los detalles acerca del nivel bajo de glucosa en la sangre y de cómo influye eso en el estado de ánimo, tú notas este patrón de comportamiento. Cuando esté de buen humor —¡no lo hagas cuando está en plena crisis!— puedes empezar la conversación diciéndole algo así como: «Antes te has enfadado porque no encontrabas la gorra de los Dodgers. Por una cosa así no sueles enfadarte. ¿Qué crees que te ha pasado?» A partir de ahí puedes comentarle el patrón de comportamiento que has notado (que a veces se enfada si lleva tiempo sin comer) y explicarle qué es el volcán rojo. Luego, háblale del jugador y el espectador y de que, si el espectador se da cuenta de que el jugador está realmente enfadado es una buena idea comer una manzana y fijarse en cómo influye eso en su estado de ánimo.

Lograr este tipo de perspicacia no le resultará fácil al principio, pero con práctica mejorará su capacidad de reconocer lo que le sucede interiormente, de hacer una pausa y tomar medidas antes de llegar a la cima del volcán. Esta perspicacia le será muy útil a lo largo de toda su vida. Y no es solo la ira lo que queremos enseñar a los niños a reconocer antes de que los controle. Recuerda a la niña que hacía el examen de matemáticas y tuvo que detectar su creciente ansiedad. O imagina a un niño en su primera noche fuera de casa, lidiando con la nostalgia, o a uno que se siente incómodo en grupo y se cierra y se niega a interactuar con nadie. Todos estos niños, con todas estas emociones, necesitan la herramienta de la perspicacia.

Necesitan aprender a prestar atención a sus propias sensaciones físicas y a sus emocionales, aprender a hacer una pausa antes de reaccionar.

Necesitan que les enseñemos que, en la mayoría de los casos, pueden elegir parar y cambiar algo antes de llegar a la cima del volcán rojo.

Niños con un cerebro afirmativo: enseña a tus hijos en qué consiste el equilibrio

Uno de los mejores regalos que podemos hacerles a nuestros hijos es ayudarlos a mejorar su capacidad de reconocer cuándo se apartan de la zona verde y hacer algo antes de perder el control del cerebro superior, venirse abajo y tener una rabieta.

Niños con un cerebro afirmativo.

Hablemos otra vez de lo que sientes y centrémonos en la zona roja y en lo que puedes hacer para evitar pasar a ella. Imagina que tus sentimientos son un volcán. Mientras te mantienes en la falda de la montaña, estás en la zona verde. Estás tranquilo y en paz.

Pero cuando lo que sientes se intensifica y te enfadas, subes por la ladera hacia la zona roja. ¿Qué crees que pasa cuando llegas a la cima? ¡Que entras en erupción!

Puede que le grites a alguien, o que lances un objeto, que rompas algo o que pierdas por completo el control.

Enfadarse no tiene nada de malo. Pero ¿y si pudiéramos evitar llegar a la cima del volcán rojo? ¿Y si pudiéramos pararnos cuando empezamos a enfadarnos y no entrar en erupción? ¿No sería mejor simplemente hacer una pausa y respirar profundamente?

LA PERSPICACIA nos permite hacer una pausa antes de llegar a la zona roja.

Esto fue lo que le pasó a Brody. Su hermano Kyle le dio un pelotazo en un ojo. ¡Brody se puso furioso! Quería lanzarle algo a Kyle o decirle algo realmente cruel.

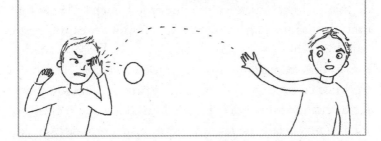

En lugar de eso, hizo una pausa e inspiró profundamente. Ahí está la clave. Pensó en el volcán rojo e hizo una pausa. Seguía furioso, tan furioso como antes, pero no se dejó llevar por la furia.

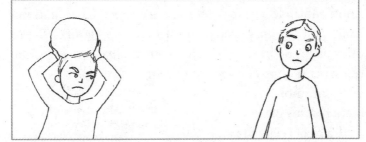

Eso es lo que tienes que hacer tú cuando notes que estás entrando en la zona roja: una pausa. No tienes que dejar de estar enfadado. Simplemente, haz una pausa antes de estallar. Luego piensa un momento en una respuesta diferente, como pedir ayuda a tus padres o decirle a alguien cómo te sientes.

Mi cerebro afirmativo: fomentando mi propia perspicacia

Tal vez en este capítulo hayas notado que hemos hablado más de lo habitual no solo de cómo fomentar la perspicacia de tus hijos, sino también de lo importante que es esta para los padres (o para cualquiera). Una de las capacidades que es más importante que trabajes, tanto por el bien de tus hijos como por el tuyo, es la de prestar atención y detectar cuándo aumenta la frustración o el miedo o el enojo y empiezas a salir de la zona verde. Luego puedes hacer una pausa, pasar a la posición de espectador y responder al estímulo con perspicacia e intencionalidad.

Es importante que comprendas no solo lo que te sucede, sino también lo que te sucedió en el pasado. Cuando trabajamos con padres, suelen plantearnos esta pregunta: «Si tuve unos malos padres, ¿también yo seré un mal padre?» Quieren saber si están condenados a repetir los mismos errores que cometieron sus padres.

La ciencia es clara al respecto: no, de ninguna manera. Sí, la educación que nos dieron influye en nuestro modo de entender el mundo y de ser padres, evidentemente, pero la reflexión sobre las experiencias de nuestra niñez y

La reflexión sobre las experiencias de nuestra niñez y el sentido que les hemos encontrado son más importantes que lo que nos sucedió exactamente. Cuando entendemos bien nuestros recuerdos y el modo en que el pasado nos influye en el presente, somos libres de construir un nuevo futuro para nosotros mismos y para la educación de nuestros hijos.

Los estudios son claros: si le damos sentido a nuestra vida nos liberamos de la prisión del pasado y adquirimos la perspicacia que nos ayuda a crear el presente y el futuro que deseamos.

el sentido que les hemos encontrado son más importantes que lo que nos sucedió exactamente. Cuando entendemos bien nuestros recuerdos y el modo en que el pasado nos influye en el presente, somos libres de construir un nuevo futuro para nosotros mismos y para la educación de nuestros hijos.

Los estudios son claros: si le damos sentido a nuestra vida nos liberamos de la prisión del pasado y adquirimos la perspicacia que nos ayuda a crear el presente y el futuro que deseamos.

Pero ¿qué significa exactamente dar sentido a nuestra vida? Dan ha escrito sobre este tema a lo largo de su carrera, sobre todo en su libro *Ser padres conscientes. Un mejor conocimiento de nosotros mismos contribuye a un desarrollo integral de nuestros hijos*, escrito en colaboración con Mary Hartzell. Si quieres profundizar en ello, es un buen libro para empezar a hacerlo. Pero la idea básica es que dar sentido a nuestra vida tiene que ver con el desarrollo de lo que se llama una «narrativa coherente», en la que reflexionamos y profundizamos acerca de los aspectos positivos y negativos de las experiencias familiares de nuestra infancia para entender de qué modo nos han llevado a ser los adultos que somos. No nos estamos escapando del pasado ni rechazándolo, pero tampoco nos consume ni nos preocupa. Más bien somos libres de reflexionar sobre él y elegir cómo responder.

Por ejemplo, parte de una narración coherente podría ser algo así: «Mi madre siempre estaba enfadada. Nos quería, sin duda alguna, pero sus padres no la habían tratado bien. El padre siempre estaba trabajando y la madre era alcohólica. Mamá era la mayor de seis hermanos, por lo que siempre se sintió obligada a ser perfecta, así que se reprimía y estallaba siempre que algo salía mal. Mis hermanas y yo solíamos llevarnos la peor parte, a veces incluso físicamente. Me preocupa estar dejando que mis hijos se salgan con la suya demasiado a menudo y creo que es en parte porque no quiero que se sientan obligados a ser perfectos.»

Como muchos de nosotros, la infancia de esta mujer estuvo lejos de ser ideal, pero es capaz de hablar de ella, incluso de compadecerse de su madre y de reflexionar sobre lo que implica para ella y sus hijos e incluso para su propio modo de educarlos. Puede dar detalles concretos de su experiencia, pasando fácilmente de los recuerdos a la comprensión de los mismos. Esto es una narración coherente.

Muchas personas han crecido con padres que, a pesar de no ser perfectos, hicieron un buen trabajo siendo consistentes, predecibles y respondiendo con sensibilidad a las necesidades de sus hijos. Todo esto crea un vínculo seguro. Otras personas, sin embargo, son como esta madre y logran lo que se llama «vínculo seguro conseguido», lo que significa que, aunque sus padres no le dieron la clase de niñez que la habría llevado a establecer un vínculo seguro de forma natural, como adulta ha podido cambiar su modelo de vinculación y, por lo tanto, su capacidad para proporcionar un vínculo seguro a sus propios hijos al reflexionar y dar sentido a lo que ella vivió.

Por el contrario, los adultos que no han realizado el trabajo interno de desarrollar una narrativa coherente y conseguir un vínculo seguro se ponen a la defensiva cuando se trata de dar una visión personal sobre su pasado. De hecho llegan incluso a tener problemas para relatar con sentido su vida. Cuando se les pregunta acerca de su primera infancia se pierden en los detalles o se preocupan por los acontecimientos recientes de su vida adulta o no son capaces de recordar las emociones y las relaciones de la niñez y carecen de vida afectiva. En los casos más graves, el trauma o la sensación de pérdida siendo niños hace que el relato de su pasado esté salpicado de momentos de desorientación o desorganización.

Sin perspicacia ni una narrativa coherente que nos sirvan de base para comprendernos a nosotros mismos y entender cómo el pasado influye en lo que somos, es más difícil estar completamente presentes como padres y proporcionar la comunicación segura y relajante con la que los hijos se sienten atendidos y seguros. Recuerda los cuatro dones (seguridad, atención, consuelo y confianza). Ese tipo de presencia en la vida de un hijo crea un vínculo seguro, el mejor augurio de prosperidad. Si no hemos entendido nuestro pasado, es muy probable que repitamos los errores de nuestros padres cuando criamos a nuestros hijos.

Pero cuando hacemos acopio de valor y repasamos y aclaramos nuestro pasado, cuando desarrollamos la perspicacia necesaria para narrar nuestra propia historia de una manera clara y coherente, nuestras heridas empiezan a sanar. Haciéndolo

Cuando hacemos acopio de valor y repasamos y aclaramos nuestro pasado, cuando desarrollamos la perspicacia necesaria para narrar nuestra propia historia de una manera clara y coherente, nuestras heridas empiezan a sanar.

nos preparamos para establecer un vínculo seguro con nuestros hijos; esa sólida relación será una fuente de resiliencia para ellos a lo largo de la vida. Esta es una de las cosas más importantes que podemos hacer por nosotros mismos, por nuestras relaciones y por nuestros hijos. De hecho, estamos eligiendo tener un cerebro más afirmativo, que se convierta en una herencia transmitida a nuestros hijos y a los hijos de estos y así sucesivamente.

empatía

CAPÍTULO 5

El cerebro empático

Cuando tu pequeño te golpea en la cabeza con un Tinkertoy* y se ríe, aparentemente sin remordimientos, aunque sea evidente que te ha hecho daño, cuesta imaginar que llegue a convertirse en una persona solidaria y empática cuando crezca. O cuando tu hijo de cinco años se pone una capa y un sombrero de copa y exige que todos dejen lo que están haciendo y se sienten para asistir a su espectáculo de magia espontánea que dura, dura y dura (y no, ¡no puedes ir al baño hasta que se acabe!), su egocentrismo hace que te preguntes si alguna vez se convertirá en alguien considerado con los demás.

Sin embargo, conocemos a un chico de dieciséis años (lo llamaremos Devin) que constantemente demuestra la capacidad de trascender el egocentrismo y comportarse de un modo atento y considerado. Es un chico típico, con

* Juego de construcción. *(N. de la T.)*

todos los problemas y el egoísmo de la mayoría de los adolescentes: toma decisiones irracionales, a la manera de un adolescente, y a veces es demasiado malo con su hermana menor. Pero, en general, es capaz de ser cariñoso y de tener en cuenta los sentimientos ajenos.

Hace poco, por ejemplo, el día del cumpleaños de su padre, Devin se ofreció a no salir como tenía planeado con sus amigos para pasar tiempo con su padre en un día especial. También suele abrazar a sus abuelos, incluso en público, y cede el asiento a otros en el autobús por iniciativa propia.

No encaja precisamente en la imagen tópica del adolescente hosco y ensimismado que no para de hacerse selfies, ¿verdad? Basándote en esta descripción de Devin, tal vez creas que se trata de un muchacho compasivo por naturaleza, de una de esas personas empáticas desde que nacen. Pero te equivocas.

En realidad, cuando Devin era pequeño, sus padres estaban preocupados porque demostraba ser poco capaz de tener en cuenta los sentimientos de los demás o de ponerse en su lugar, y eso incluso cuando ya terminaba Primaria y estaba a punto de empezar Secundaria. Su hermana era empática y cariñosa (sus padres tenían que recordarle con frecuencia que no tuviera tan en cuenta las necesidades de los demás a expensas de sus propios deseos y que plantara cara de vez en cuando), pero Devin necesitaba aprender a ser más considerado y cariñoso. Cualquiera que no estuviera de acuerdo con él se equivocaba y tanto el primer trozo de tarta como el último de pizza tenían que ser suyos. Le daba igual que alguien se enfadara y, sinceramente, acosaba un poco a su hermana y algunas veces a sus amigos del colegio.

A lo largo de los años, sin embargo, sus padres trabajaron con él, modelando su empatía y usando muchas de las estrategias que vamos a explicarte a continuación. Ahora les encanta ver que se ha convertido en un adolescente empático con el potencial para llegar a ser un joven cariñoso, capaz de relacionarse muy bien, de entender y de sintonizar profundamente con los demás (teniendo en cuenta su edad). Está desarrollando el cuarto elemento fundamental de un cerebro afirmativo: la empatía. Ayudándolo a desarrollar este aspecto crucial del cerebro afirmativo, los padres de Devin le están haciendo un regalo, le están dando un medio muy eficaz para mejorar la calidad del resto de su vida.

Las personas cariñosas y empáticas están menos frustradas, menos enfadadas, juzgan menos: sobre todo si su empatía los lleva a actuar en beneficio de quienes tienen alrededor. La empatía es un buen ejemplo de integración: con ella sentimos lo que siente el otro, pero no nos convertimos en esa persona; no hace falta que nos identifiquemos demasiado con ella, como si fuera nosotros. Cuando no mantenemos la diferenciación, la empatía nos abruma e incluso llega a quemarnos. La clase de empatía de la que hablamos, por el contrario, surge de la integración, porque conservamos un sentido de identidad diferenciado, pero nos unimos abiertamente a otro sin perder esa cualidad diferenciada esencial. Recuérdalo: la integración no consiste en amalgamarse u homogeneizarse. La integración es equilibrio entre diferenciación y unión. Las personas que son empáticas de esta manera están más pendientes de la moral y la ética; para ellas es importante hacer lo correcto. Si pueden combinar su empatía con la perspicacia de la que hemos hablado en el capítulo anterior, la visión mental resultante las hará más pacientes, receptivas, comprensivas y conscientes, lo que les permitirá disfrutar de relaciones más profundas y significativas y ser más felices en general. Así como la percepción externa, a través de la vista, nos permite percibir lo que sucede a nuestro alrededor, la visión mental, con su percepción interna, nos permite mirar dentro de nosotros mismos (con la perspicacia) o dentro de otra persona (con la empatía) mientras mantenemos la sensación de diferenciación (integración).

Y lo más fantástico es que, dado que el cerebro cambia con las experiencias repetidas, hay muchas maneras de cultivar la visión mental y de fomentar la empatía y el cariño de tus hijos, cultivando esas cualidades en las interacciones cotidianas de la familia y fortaleciendo los circuitos del cerebro que dan lugar a la empatía. Esos circuitos implican varias zonas del cerebro: los científicos hablan de la resonancia límbica que procede del cerebro inferior, así como de la comprensión cortical y la compasión que se originan en el cerebro superior. Tú puedes brindar a tus hijos oportunidades de fomentar el crecimiento y el desarrollo de estas partes fundamentales del cerebro.

¿Mi hijo es demasiado egoísta?

Muchos padres se preocupan cuando detectan en sus hijos rasgos egoístas parecidos a los que notaron los de Devin cuando este era más pequeño. Quieren criar niños a los que importe el bienestar de los demás, que sean amables y compasivos, así que les cuesta ser testigos de las actitudes aparentemente egoístas e insensibles de sus pequeños.

Cuando los padres nos expresan esta inquietud, les recordamos que la parte principal del cerebro responsable de la empatía está sin desarrollar en los niños pequeños, y que la empatía y el cuidado (así como los demás pilares del cerebro afirmativo) son habilidades que se aprenden. Tal y como vimos en el caso de Devin, los niños pueden desarrollar la capacidad de ser considerados y cariñosos con los demás. Explicaremos esto con más detalle, pero antes queremos advertirte que no generalices innecesariamente el egocentrismo que estés notando en tus hijos. Dicho de otro modo: ten cuidado; no reacciones exageradamente a la supuesta falta de empatía de tus pequeños.

Puede ser, por ejemplo, que no le hayas dado tiempo al niño a madurar. En realidad, una característica típica del desarrollo de los niños es anteponer sus necesidades a las de los demás; así tienen más posibilidades de sobrevivir. De vez en cuando, sin embargo, viene algún padre a la consulta que nos dice cosas como, por ejemplo: «Creo que mi hija es una sociópata. ¡Es tan narcisista, tan egoísta! No es capaz de pensar en nadie más que en ella.» Y cuando le preguntamos qué edad tiene su hija y nos responde que «tres años», nos limitamos a sonreír y le aseguramos que es un poco pronto para empezar a preocuparse por una vida delictiva y que no hay motivo todavía para que busque en Google las «mejores cárceles para las visitas familiares». Simplemente tiene que dejar que el desarrollo se produzca.

A veces, también, los padres notan un cambio de su generalmente generoso y compasivo hijo, que parece volverse más introvertido, y les preocupa que sea el comienzo de una tendencia hacia la falta de empatía. En estos casos, exploramos por primera vez con los padres si podría ser una fase por la que el niño está pasando y si lo que necesita es expresarse. Les recordamos que el cerebro y el cuerpo de su hijo cambian rápidamente y que esos cambios necesariamente alteran su comportamiento y su punto de vista. También repasamos cualquier acontecimiento —importante o no— que pueda estar afectando al niño: un diente que le esté saliendo, un resfriado, que la familia se haya mudado de casa, que haya nacido un hermano. Además, los estirones —físicos y cognitivos— pueden producir una regresión de otras áreas del desarrollo.

Las transiciones y las sorpresas impiden que los padres tengan realmente un control de todo esto. El desarrollo humano no es predecible ni lineal; es más un proceso de «dos pasos adelante y un paso atrás» y a veces cabeza abajo o de lado. Eso significa que, aunque tuviéramos la «respuesta correcta» para una fase en particular, de todos modos, las cosas cambiarían pronto aunque solucionáramos el enigma. Por consiguiente, el hecho de que tu hijo últimamente parezca más egoísta de lo habitual no demuestra que haya desarrollado un importante defecto que le impedirá expresar compasión durante el resto de su vida.

De hecho, a propósito de este tema, recordemos una importante verdad que tratamos de tener en cuenta nosotros mismos: es en tu papel de padre en lo único que tienes que centrarte ahora mismo. Sí, estás construyendo habilidades para toda la vida, es cierto, pero la única manera de hacerlo es en el momento presente, ahora. No permitas que la experiencia de este momento te haga temer cómo será tu hijo a los quince o a los veinte años. No lo permitas. Todo ese desarrollo se producirá entre el ahora y ese futuro. Estas capacidades del cerebro afirmativo están para que las apoyes ahora y que se conviertan en habilidades en un futuro con el paso del tiempo. Nosotros somos profesionales y hemos estudiado rigurosamente la evolución personal, a pesar de lo cual nos han sorprendido los saltos de desarrollo de nuestros propios hijos, ¡a veces en cuestión de semanas o de meses! Así que no cedas a la tentación de preocuparte por cualquier fase —ya sea de egoísmo, problemas para dormir, enuresis, berrinches, impotencia con los deberes o de lo que sea—, porque ninguna dura para siempre. Tu hija no morderá a sus amigos cuando vaya a la universidad. (Si lo hace, te convendría llamarnos.) No tendrá problemas para sentarse a la mesa a cenar ni le serán ajenos los sentimientos y deseos de sus semejantes. En lugar de preocuparte por toda la vida, piensa en períodos más breves, en semestres o estaciones del año. Si le gusta leer, plantéatelo en términos de párrafos, páginas y capítulos. Dale a tu hijo unos meses para pasar por esta fase, por este capítulo de su vida, porque mientras estés a su lado, dándole amor, guiándolo, enseñándole y permitiéndole gozar de tu presencia, la superará y aprenderá lo necesario para crecer bien.

Lo que te estamos diciendo, en otras palabras, es que, aunque veas que tu hijo no es lo cariñoso, considerado y amable que te gustaría que fuera, resistas la tentación de hacer una declaración fatalista sobre su carácter para toda la eternidad. En lugar de eso, recuerda que tiene que desa-

> **Es en tu papel de padre en lo único que tienes que centrarte ahora mismo.**

rrollarse mucho todavía en los años venideros y luego centra tus esfuerzos en darle las habilidades que lo llevarán a ser más cariñoso y empático. Naturalmente, eso será en el futuro, serán las habilidades que tendrá cuando crezca, pero en lo único que tienes que centrarte es en lo que está pasando ahora mismo. El modo en que interactúas ahora con tu hijo es el caldo de cultivo del aprendizaje. No lo olvides: la conducta es comunicación. Cuando vemos comportamientos que no nos gustan, esas conductas nos están diciendo en realidad: «¡Ayúdame! ¡Me hace falta desarrollarme en este aspecto!»

Si tu hijo tiene un problema con las tablas de multiplicar, tienes que hacer que las repase más. Del mismo modo, si te das cuenta de que le falta empatía, dale oportunidades para construirse un cerebro más empático. La empatía se adquiere.

Una breve advertencia acerca de lo que la empatía no es: no es aprender a complacer a los demás a expensas de uno mismo. Algunos niños son como la hermana de Devin, a quien sus padres tenían que recordar de vez en cuando que no se dejara pisotear. Le insistían en que está bien decir que no y pedir lo que uno quiere. No queremos criar niños complacientes, inseguros de sus propios deseos e incapaces de cuidarse. Simplemente queremos que les importen los sentimientos de los demás y que sean conscientes de ellos en lugar de convenir con las opiniones y satisfacer cualquier demanda que les hagan.

Además, recuerda que la empatía tiene muchas facetas, que no es solo entender el punto de vista de otra persona. Muchos políticos y comerciales son muy hábiles en eso y lo usan para manipular a los demás. Es por eso que, cuan-

El comportamiento es comunicación.

El comportamiento que vemos:

Lo que realmente nos está diciendo:

do enseñamos empatía, remarcamos que no consiste únicamente en entender cómo se sienten los demás y lo que quieren, sino también en desarrollar un cerebro capaz de preocuparse verdaderamente por el prójimo. Consiste en descubrir lo interconectados que estamos todos.

Cada uno de nosotros, al fin y al cabo, es un individuo único en sí mismo: un yo. Pero influimos en los demás y ellos influyen en nosotros. La gente con la que convivimos forma parte de nosotros y nosotros formamos parte de ella. Todos juntos formamos un «yo» colectivo. La empatía nos permite tener en cuenta que cada uno de nosotros no es solo un «yo», sino también parte de un «nosotros». Aceptar esta combinación que Dan llama «yosotros» contribuye a la formación de un ego integrado, capaz no solo de preocuparse por los demás, sino también de vivir una vida llena de sentido, vinculación y pertenencia a un todo más amplio.

El diamante de la empatía

Como ya hemos visto, la empatía tiene varias facetas. Una definición común de empatía es: sentir con otra persona o experimentar la experiencia de otra persona y preocuparse por cómo esa persona lo está pasando. A esto se refería Atticus Finch, de *Matar a un ruiseñor*, cuando decía que no entendemos de verdad a nadie hasta que «nos metemos en su piel y pasamos por lo mismo». Es un modo estupendo de describir la empatía.

Pero queremos hilar más fino. A nosotros nos gusta hablar del «diamante de la empatía», que incluye sus cinco

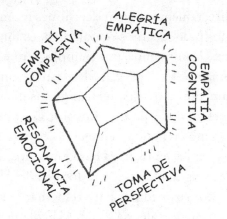

facetas y los distintos modos en que podemos ocuparnos de los demás y responder a su sufrimiento:

Toma de perspectiva: ver el mundo a través de los ojos de otro.

Resonancia emocional: sentir lo que otro siente.

Empatía cognitiva: comprender o captar intelectualmente la experiencia de otra persona.

Empatía compasiva: notar el sufrimiento de otro y querer reducirlo.

Alegría empática: deleitarse con la felicidad, los logros y el bienestar de otro.

En su conjunto, las facetas de la empatía explican lo que significa sentir realmente lo mismo que otra persona y hacer algo para ayudarla. Cuando servimos a los demás y nos convertimos en agentes de cambio del mundo, vivimos una auténtica moralidad. La empatía, en otras palabras, nos conduce directamente a tomar decisiones morales y éticas, ya que si nos preocupamos por alguien, es mucho menos probable que le mintamos, por ejemplo, o que le robemos o que oprimamos a esa persona de alguna manera.

Irónicamente, actuar en interés de los demás también promueve el cuidado de uno mismo. Después de todo, cuando sentimos repetidamente el dolor y la angustia de los demás y no hacemos nada para aliviarlos, experimentamos fatiga y agotamiento. Pero los estudios indican que el hecho de tomar medidas para remediar el sufrimiento conduce a una mayor alegría. Cuando hablamos de fomentar la empatía de nuestros hijos, por lo tanto, lo que queremos es nutrir todas las facetas de su diamante de la empatía, también la de actuar en nombre de otra persona y ayudarla. Queremos animar a nuestros hijos a ser fuerzas activas en este mundo, porque eso aportará más alegría a sus vidas. Resulta que servir a los demás es una de las mejores maneras de mejorar nuestra propia vida.

Creando los circuitos de un cerebro empático

Uno de los mensajes más esperanzadores que les damos a los padres es que las habilidades de un cerebro afirmativo que pretendemos que nuestros hijos desarrollen se construyen durante las interacciones cotidianas normales. En otras palabras, llevamos a cabo la importante labor de la crianza no solo cuando hablamos seriamente con nuestros hijos, sino mientras jugamos, leemos, conversamos, bromeamos o pasamos simplemente el rato con ellos. La neuroplasticidad nos garantiza que cualquier experiencia modela el cerebro y que, para lo bueno y para lo malo, prepara a los niños para lo que serán a medida que avancen hacia la edad adulta.

Así que, en lo que a la empatía se refiere, los sermones que empiezan por «deberías ser más comprensivo con X porque...» pocas veces van a dejar una huella tan duradera como las experiencias reales. Hablar de la empatía es importante, claro, pero es mucho más importante el ejemplo que les das a tus hijos y la medida en que demuestras lo que significa escuchar a los demás, tener en cuenta su punto de vista y sus opiniones y preocuparte por ellos. Con este tipo de modelado, sobre todo viendo lo que te compadeces por ellos cuando lo están pasando mal, ayudarás a tus hijos a adquirir la capacidad de ser empáticos. Cuando te vean esforzarte por vivir teniendo en cuenta a la gente que te rodea y siendo consciente de las necesidades de los demás, tus hijos asumirán que así es como debe ser y la empatía se convertirá en su modo automático y preestablecido de entender el mundo.

Sin embargo, construir un cerebro empático no es solamente dar lecciones de empatía, ni siquiera modelarla. Los niños adquieren empatía experimentándola y sintiendo la satisfacción íntima y la alegría de ayudar verdaderamente a otra persona. También cuando eligen no ayudar a alguien y acaban sintiéndose mal por haber tomado esa decisión. Muchos adultos recuerdan algún momento de su infancia en que pudieron ayudar a alguien y no lo hicieron, y lo mal que se sintieron; siguen sintiéndose mal cuando piensan en ello. Estos momentos son los que fortalecen la musculatura de la empatía. Nuestro objetivo es contribuir

Nuestro objetivo es contribuir a que el cableado del cerebro de nuestros hijos sirva para orientarlos profundamente hacia los demás y lo que los demás sienten. Queremos que los circuitos neuronales de nuestros niños los alienten a pensar y sentir preocupación por las personas que los rodean, y a hacer lo correcto. Queremos nutrir un cerebro conectado para preocuparse por los demás, por lo que está bien y lo que está mal.

a que el cableado del cerebro de nuestros hijos sirva para orientarlos profundamente hacia los demás y lo que los demás sienten. Queremos que los circuitos neuronales de nuestros niños los alienten a pensar y sentir preocupación por las personas que los rodean, y a hacer lo correcto. Queremos nutrir un cerebro conectado para preocuparse por los demás, por lo que está bien y lo que está mal.

¿Cómo podemos lograr eso, aparte de hablando con ellos de la empatía y modelándola en ellos? Podemos hacer que presten atención a las necesidades de las personas con

Estimular la

Activación y el

Crecimiento

Neuronal

las que conviven. El hecho de prestar atención repetidamente a cualquier experiencia o bloque de información activa neuronas y refuerza sus conexiones. Queremos estimular el crecimiento y la activación neuronal. Queremos estimular el área de la empatía del cerebro infantil.

Recuérdalo: ahí donde la atención se enfoca, las neuronas se activan. Y cuando se activan se conectan. Así se extienden las conexiones del cerebro y se produce la integración. Por lo tanto, cuando aportamos a nuestros hijos experiencias que atraen su atención hacia el punto de vista y las preocupaciones de otras personas, estamos estimulando la activación y el crecimiento neuronal de su cerebro para la empatía, porque esa atención consigue que las neuronas se activen y se conecten de manera que en adelante promuevan también esa empatía.

Eso fue lo que hicieron los padres de Devin cuando era pequeño. Pasaron tiempo atrayendo su atención hacia las experiencias y las preocupaciones de los demás, ayudándolo a tener en cuenta los sentimientos ajenos y, por lo tanto, alentando y reforzando los enlaces sinápticos que acabaron haciendo que desarrollara la auténtica empatía que está demostrando a los dieciséis años. Cuando le leían un cuento, le preguntaban por ejemplo: «¿Cómo se siente ahora Lorax? ¿Por qué está tan furioso con Once-ler por haber talado todos los árboles?» Si veían una película, la paraban de vez en cuando para preguntarle: «¿Por qué crees que Travis se pone triste cuando *Old Yeller* (el perro) empieza a comportarse de un modo tan distinto? ¿Qué te parece que podría hacer? ¿Qué sería lo acertado?» Simplemente haciendo que se fijara en lo que sentían y lo que motivaba a los personajes

La empatía es una capacidad del cerebro afirmativo y se puede construir un cerebro empático.

ayudaban a Devin a olvidarse de sí mismo y a darse cuenta de que la gente de las páginas del libro o de la pantalla tenía intereses subjetivos y opiniones diferentes de las suyas.

A partir de ahí fue bastante fácil hacerle preguntas parecidas sobre gente real. «Hoy la señora Azizi se ha enfadado más de lo habitual en clase, ¿verdad? ¿Qué le habrá pasado esta mañana antes del colegio?» Planteando preguntas básicas durante las interacciones cotidianas habituales —«¿Por qué crees que está triste Ashley? ¿Cómo podemos ayudarla?»—, vamos construyendo el armazón para la percepción, la moralidad y la conciencia de las necesidades de los demás.

> La integración se manifiesta en forma de amabilidad y compasión.

Esto se fue repitiendo en innumerables conversaciones a lo largo de los años, mientras el cerebro de Devin se integraba y el niño egocéntrico se iba convirtiendo en un adolescente por lo general (aunque no siempre) considerado, que se relacionaba bien con los demás y ético. Esta es la realidad que produce un cerebro integrado. La integración se manifiesta en forma de amabilidad y compasión.

Otra decisión que tomaron los padres de Devin para llevarlo a ser más empático fue permitirle experimentar emociones negativas.

Como hemos dicho insistentemente en este libro, no se trata de desarrollar el hijo que deseas tú, sino de permitir que cada niño se desarrolle plenamente. Construir un cerebro empático es dar a tus hijos más herramientas, no convertirlos en lo que quieres que sean.

Hasta ahora hemos hablado bastante de los problemas

que crea sobreproteger a los niños, porque les impide aprender las lecciones y adquirir la resiliencia que aportan la desilusión, la frustración e incluso el fracaso. Los niños que viven entre algodones tampoco pueden desarrollar la empatía que a menudo surge directamente de las emociones negativas. Cada vez que los padres de Devin le permitían sentirse triste o frustrado o desengañado en lugar de distraerlo inmediatamente de lo que sentía o de apresurarse a arreglar las cosas, su potencial para la empatía aumentaba, porque sus propios problemas creaban espacio en él para entender el sufrimiento de los demás e identificarse con ese sufrimiento. Sus padres se sentaban con él y lo apoyaban mientras sufría, claro, pero no negaban lo que sentía ni lo distraían, porque sabían lo importantes, instructivas e incluso sanas que son las emociones negativas.

Cuando era muy pequeño eso podía consistir simplemente en dejarlo llorar uno o dos minutos más si la abuela se había ido, en lugar de proponerle inmediatamente hacer galletas para distraerlo de su dolor. A medida que se hizo mayor y tuvo disgustos más grandes, como una vez en el instituto que dos amigos lo abandonaron durante una excursión y tuvo que sentarse solo en el autobús, consistió en escucharle hablar del miedo que le daba que todos lo odiaran y no volver a tener amigos nunca. En casos así, sus padres tenían la tentación de alegrarlo inmediatamente haciéndole alguna sugerencia, pero en lugar de eso hacían todo lo posible para escucharlo con cariño y permitirle conocer el dolor emocional. Le decían, por ejemplo: «Por lo visto te has sentido muy solo. Estás preocupado por tus amigos más allá de lo que ha pasado hoy en la excursión. Es realmente difícil.»

Luego, cuando se había sincerado y estaba dispuesto a hablar de la experiencia, podían explicarle que el dolor emocional que sentía no era agradable, pero que podía ayudarlo a entender a otros que se sienten solos o están preocupados y a preocuparse por ellos. También podían buscar soluciones y hacerle más preguntas sobre la situación, ¡pero solo después de permitirle expresar lo que sentía!

Al no cortocircuitar el proceso emocional de Devin rescatándolo de sus sentimientos negativos, lo ayudaban a desarrollar esa capacidad del cerebro afirmativo llamada empatía y a convertirse en un adolescente empático y, algún día, en un adulto perfectamente capaz de mantener relaciones significativas.

La ciencia de la empatía

Desde hace unos años, los científicos han profundizado mucho en la empatía y es cada vez más evidente que el cerebro humano está conectado para ella incluso a muy corta edad. No es infrecuente que los bebés de un año, por ejemplo, intenten consolar a alguien que está triste o nervioso por algo. Tienen la fama, completamente justificada, de pensar solo en sus propios deseos y necesidades, pero también demuestran tener la capacidad de pensar en los demás y preocuparse por ellos, incluso de tener en cuenta sus sentimientos e intenciones. Un estudio se centró en las interacciones del investigador con bebés de dieciocho meses. Cuando el bebé ya se sentía cómodo con el adulto, este fingía que se le caía un objeto. Los niños gateaban hasta el objeto, lo recogían y se lo daban. En cambio, si el adulto tiraba al suelo el objeto a propósito, los niños eran capaces de reconocer la intención y no lo ayudaban a recuperarlo. Los investigadores realizaron el mismo experimento con chimpancés, que se mostraron mucho menos propensos a ayudar, aunque conocieran al investigador y lo consideraran un amigo. No eran tan empáticos como los bebés humanos, que aparentemente llevan la empatía y la cooperación programadas de manera innata en el cerebro.

Otra investigación fascinante es la que trata de dilucidar de dónde procede la empatía y cómo se desarrolla en el cerebro. Por ejemplo, un hallazgo científico que probablemente no te sorprenda es que los humanos somos egocéntricos por naturaleza. Tenemos un «sesgo emocional egocéntrico», que nos lleva a asumir que nuestro modo de ver el mundo es necesariamente similar al modo en que los demás lo ven. Así que tomamos decisiones en base a esa idea. Esta tendencia al egocentrismo, llevada al extremo, crea un montón de problemas: narcisismo, estrechez de mente, impaciencia, intolerancia, rigidez e inclinación a juzgar y a criticar a quienes consideramos diferentes. Si creemos que nuestro punto de vista es mejor o superior o más «natural» que el de otra persona, nos cuesta mucho respetarla y ponernos en su lugar, lo que por supuesto manifiesta que no podemos mantener una relación significativa con ella y que tendremos dificultades para entablar un diálogo satisfactorio.

Crecer es en parte desarrollar la capacidad de superar la tendencia innata e inconsciente al sesgo emocional egocéntrico. Por suerte, hay una parte del cerebro cuyo trabajo, en su papel de interconexión con el sistema general de los circuitos del cerebro, es ayudarnos a notar si nuestro egocentrismo es demasiado fuerte y a ajustar nuestro pensamiento. Se llama giro supramarginal y, como era de esperar, se encuentra en el cerebro superior. Como es un área que juega un papel importante en el funcionamiento del cerebro en su conjunto, podemos ver que el desarrollo del cerebro con el tiempo y la experiencia puede dar pie a la empatía de nuestros hijos.

Giro supramarginal

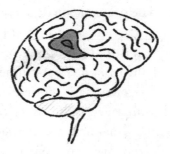

Si el giro supramarginal no actúa como es debido —o, como sucede en el caso de los niños, no ha tenido tiempo todavía de desarrollarse—, es más probable que la persona tienda a proyectar sus sentimientos y circunstancias sobre los demás. La buena noticia es que, como muchas otras regiones del cerebro superior, el giro supramarginal de los niños sigue desarrollándose a medida que maduran y se vuelve más funcional cuanto más lo usan: prestando atención una y otra vez a las experiencias y los sentimientos ajenos. Insistimos: es una habilidad que se aprende, un músculo emocional que puede reforzarse, una parte del cerebro que puede desarrollarse. Cuanto más pensemos en la empatía y la practiquemos, más empáticos seremos.

Un estudio reciente examinó los efectos de animar a los profesores de secundaria a ser más empáticos con sus alumnos. Como seguramente sabes, la tasa de fracaso escolar en Estados Unidos ha ido en aumento y los investigadores en educación se esfuerzan naturalmente en explicar por qué. Algunos señalan que se debe a la tolerancia cero de las políticas disciplinarias. Algunos dan más importancia a la falta de autocontrol de los alumnos y otros a la masificación en las aulas y a la falta de preparación de los profesores.

Este estudio en particular abordó el problema desde diversos frentes. Se pidió a un grupo de profesores de cinco institutos de California que cumplimentaran, con un par de meses de diferencia, dos módulos *on-line* que los obligaban a reflexionar acerca de las razones del fracaso escolar: las exigentes dinámicas sociales de los adolescentes, los cambios hormonarles que tienen lugar en su cuerpo y su cerebro, etc. Los profesores estudiaron las investigaciones y escucharon historias de estudiantes que demostraban la relación entre el éxito académico, por un lado, y un entorno educativo seguro, empático y respetuoso por otro. Los módulos *on-line* hacían hincapié en que las emociones y el comportamiento de los estudiantes mejoran si sus maestros se preocupan por ellos y los valoran.

Seguramente intuyes el resultado: en comparación con el grupo de control —independientemente de la raza, el género, la familia de procedencia o de si los alumnos se habían metido frecuentemente en líos —la tasa de suspensos se desplomó cuando se pidió a los profesores que tuvieran en cuenta las vivencias de sus alumnos. De hecho, la probabilidad de que los alumnos de los profesores que participaron en este «entrenamiento de la empatía», que no le costó un céntimo al distrito, suspendieran fue de la mitad. Eso dice mucho acerca de la verdadera capacidad para cambiar un problema actual: sobre todo teniendo en cuenta que la tasa de fracaso escolar lleva a consecuencias negativas como el desempleo crónico o incluso el encarcelamiento.

Así que cuando hablamos de la capacidad sustancial de la empatía para influir en la vida de la gente lo decimos muy en serio. Numerosos estudios científicos han demostrado el poder del cariño y la empatía no solo sobre los niños, sino también sobre los adultos. Han determinado, por ejemplo, que si el médico demuestra «empatía clínica», los pacientes se sienten más respetados y satisfechos con su tratamiento. Un estudio ha llegado a demostrar incluso que un paciente que padece un resfriado común tarda un día menos en curarse y tiene una respuesta inmune mucho más eficiente si el médico le hace algún comentario empático. Aparte de eso, los diagnósticos son más precisos, los resultados generales mejoran y las demandas por negligencia médica disminuyen. Además, los propios médicos expresan más satisfacción laboral y bienestar general.

Estudios como estos en varios campos respaldan el poder de la empatía y demuestran que disminuye la agresividad y los problemas de conducta de los niños, fortalece la dinámica general de la familia y el matrimonio y reduce las agresiones sexuales y la violencia doméstica. La ciencia, en otras palabras, apoya firmemente algo que probablemente hayas comprobado tanto en tu vida como en la de tus hijos: que cuidar de los demás y esforzarse por tener en cuenta su modo de entender la vida tiene consecuencias buenas sobre la nuestra y le aporta sentido.

Otra forma de entender el poder de esta cuarta faceta del cerebro afirmativo: la empatía es una manera poderosa de crear la importante experiencia de la integración en nuestra vida. Con empatía, nos mantenemos diferenciados, pero establecemos un vínculo crucial con los demás: compartimos nuestros sentimientos subjetivos con otra persona y dos individuos independientes se convierten en un «nosotros». Somos seres sociales y la empatía es una vía poderosa para crear integración en nuestras vidas. Es así de sencillo y así de importante.

Qué puedes hacer: estrategias del cerebro afirmativo que fomentan la empatía

Estrategia #1 para fomentar un cerebro empático: calibra el «radar de la empatía»

Una de las maneras más eficaces de ayudar a los niños a tener en cuenta a los demás es activar su sistema cerebral de implicación social de modo que estén preparados para ver las situaciones a través de las lentes de la empatía y el cariño por los demás. A eso lo llamamos «calibrar el radar de la empatía».

Un radar de la empatía activo ayuda a los niños a darse cuenta de las necesidades de los demás y a prestarles atención, a detectar sus señales, tanto verbales como no verbales. Es un poco como leerles el pensamiento emocional. Puede consistir simplemente en ser conscientes del tiempo que acaparan una conversación o encontrar el modo de ser educados y contemporizar incluso estando de mal humor. O puede ser reconocer que otra persona (por ejemplo, un padre cansado) está de mal humor y decidir ser más sensibles o más delicados en el trato. Si tenemos activado el radar de la empatía, nos volvemos más conscientes y somos más capaces de entender el estado mental de los demás. Desde esta posición consciente se nos da mucho mejor detectar las situaciones para ayudar a la gente a ser más feliz o aliviar su malestar, sin olvidarnos, insistimos en ello, de nuestro propio bienestar.

Tienes muchas maneras de hacer que tus hijos desarrollen esta conciencia y de activar su radar de la empatía. Como hemos dicho en el cuarto capítulo, por ejemplo, puedes reformularles las situaciones animando su curiosidad. Ayúdalos a aprender a ser detectives y a hacerse preguntas. Cuando un compañero de clase pierde el control de sus emociones y se marcha del patio enfadado, la reacción inmediata e instintiva de los niños es preguntarse: «¿De qué va?» Despierta su curiosidad y ayúdalos a replantearse la situación simplemente haciéndoles otra pregunta: «¿Por qué habrá reaccionado así?»

Podemos ayudar a nuestros hijos a replantearse una situación para que en lugar de condenar y juzgar de inmediato se hagan preguntas desde la curiosidad, la receptividad y la amabilidad. Esta sencilla reformulación (las dos preguntas de antes son completamente diferentes entre sí), crea una experiencia totalmente distinta para nuestros hijos y para la gente con la que se relacionan.

Un modo práctico de reformular la situación es el juego de rol. Digamos, por ejemplo, que tu hijo de diez años llega a casa enfadado porque su compañero de clase Josh ha hecho trampa «como siempre» en la pista de balonmano. Le dices: «Yo seré tú y tú serás Josh.» Luego, actuando para tu hijo, puedes decir: «Josh, eres un tramposo. Sabes que no puedes botar el balón dos veces en la línea y lo has hecho. Luego has dicho que una vez había sido fuera, pero había botado en la línea.»

Lo más probable es que tu hijo no sepa cómo responder siendo Josh, aparte de decir: «No.» Sin embargo, al final, si lo llevas a profundizar, le harás ver por qué motivo Josh se salta las reglas con tanta frecuencia.

Puede que finalmente tu hijo diga, todavía fingiendo ser Josh: «Nunca gano en nada, así que a veces hago trampa.» O, tal vez, pensará en lo que sabe de los padres de Josh. Tal vez su padre cita a menudo a Vince Lombardi —«Ganar no lo es todo, es lo único.»— y por eso Josh es tremendamente competitivo y cree que perder es algo inaceptable. Te hará falta, insistimos, dirigir e incitar mucho a tu hijo para que llegue a pensar así, y no tiene por qué parecerle natural. Pero simplemente ayudándolo a adoptar el punto de vista de Josh le darás la oportunidad de practicar un poco la lectura de pensamiento emocional y se dará cuenta de que seguramente hay algún motivo para el comportamiento de Josh, lo que lo hará más capaz de perdonar ahora y ser más paciente en

Activa el radar de la empatía.

En lugar de juzgar...

Ayuda a los niños a usar su curiosidad.

adelante. (También es una buena manera de abordar el comportamiento de nuestros propios hijos.)

A veces, el mejor modo de incrementar la sensibilidad del radar de la empatía de nuestros hijos es prestar atención a situaciones en que hay víctimas o extranjeros que necesitan ayuda. El típico ejemplo del mundo de los niños es el del acoso. Puedes plantear una situación hipotética o tal vez tu hijo conozca un caso real de acoso escolar. A la mayoría de los niños les resulta fácil empatizar con la víctima. Basta con hacerles una simple pregunta: «¿Qué crees que le parece que se metan con ella todo el tiempo?» Luego puedes guiarlos en una conversación sobre la mejor manera de responder cuando intimidan o maltratan a alguien. Lo mismo valdrá para los casos en los que se burlen de un niño, lo ignoren o lo traten con crueldad. Simplemente ayudar a tus hijos a considerar cómo es estar en esa situación en particular te será muy útil para conectar su radar. E insistimos, puedes dedicarte a esta promoción de la empatía en el trato cotidiano con tus hijos. En ocasiones, puedes entablar con ellos una conversación seria sobre la empatía, pero lo más frecuente es que aproveches las situaciones que se vayan presentando día a día para darles la oportunidad de reflexionar. Conocemos a una abuela, por ejemplo, que suele cuidar de su nieta. Todas las noches, a la hora de acostarse, recitan juntas un «Que la paz sea». «Que la paz sea con mi amiga Katinka, que hoy estaba triste en el colegio» o «que la paz sea con la gente que no tiene agua potable». Pedir a los niños que hagan una lluvia de ideas contigo sobre todas las manos que hacen falta para que la comida llegue a su plato es otra bonita manera de que no piensen solo en sí mismos. El simple hecho de tener en cuenta la experiencia de otra gente nos ofrece nuevas oportunidades de activar el radar de la empatía.

En los cumpleaños y otras fiestas los niños tienen la oportunidad de pensar en los deseos de los demás. Hemos notado que las tarjetas regalo son una tendencia en los cumpleaños, sobre todo cuando los niños se hacen mayores. No tiene nada de malo, desde luego, pero no es como el regalo tradicional, que obliga al niño a pensar y escoger lo que un amigo puede querer o lo que le gusta. Lo mismo vale para los regalos que le hagan a un abuelo, una tía o un tío. Es muy fácil comprar algo y que alguien lo pague por ti, pero escoger el regalo y hacer una tarjeta en casa con cartulina y pegamento les da la oportunidad de pensar en lo que hará feliz a esa otra persona. Esto aumenta mucho la sensibilidad del radar de la empatía.

Estrategia #2 para fomentar un cerebro empático: enseña el lenguaje de la empatía.

Otra manera de aumentar la empatía es proporcionar a los niños el vocabulario necesario para que expresen que se preocupan por los demás. Al fin y al cabo, aunque los niños sepan ponerse en el lugar de otro e identificarse con sus sentimientos, no suelen haber desarrollado la capacidad de expresar esa empatía. Así que enseñémosles a hacerlo.

A veces, esto significa enseñarles los principios básicos de la comunicación emocional efectiva, como escuchar atentamente antes de darle un consejo a alguien que está sufriendo. Y podría significar enseñarles técnicas de probada eficacia como la de «hablar desde el yo», centrándonos en cómo me siento «yo» en lugar de en lo que «tú» me has hecho. Es mucho más eficaz decir «me molesta que no guardes los colores» que decir «siempre pierdes los colores».

Con las disculpas pasa lo mismo. Cuando tu hija empuja a su hermanito en la piscina, está bien que le diga «lo siento», pero ten más cuidado y enséñale a abordar los sentimientos de su hermano. Con sus propias palabras, podría decir algo como: «Me ha parecido que sería divertido, pero sé que no has podido respirar antes de sumergirte. Has pasado mucho miedo y no debería haberlo hecho.» Ayudarla a desarrollar un lenguaje empático no solo contribuirá a que se exprese de una manera más afectuosa, sino también a estimular la activación y el crecimiento neuronal de su cerebro para la empatía.

Una de las habilidades más importantes del lenguaje de la empatía que podemos dar a los niños tiene que ver con la forma de comunicar el amor cuando alguien está sufriendo. Queremos ayudar a nuestros niños a darse cuenta de que otros sienten dolor y también mostrarles cómo pueden responder de forma cariñosa. En el caso de los niños muy pequeños, el objetivo es simplemente ayudarlos a acercarse al otro.

Un ejemplo gracioso de este acercamiento: Andrew, un amigo de Ben, el hijo de tres años de Tina, dijo que su perro acababa de morir. Ben le demostró compasión a Andrew contándole que sus dos peces, *Gitchigoomee* y *Pirate Pirate*, también habían muerto hacía poco. Luego se quedó

Enseña a los niños que culpar y criticar...

Causa más problemas que «hablar desde el yo».

callado un momento, evidentemente tratando de juntar algunos detalles y recordando cómo su madre y él se habían deshecho de los peces muertos. Finalmente, le preguntó: «¿El váter de tu casa es muy grande?»

Una de las mejores cosas de los niños es la voluntad que tienen de unirse a la experiencia de otra persona. A medida que maduran, desarrollan el deseo de ayudar de forma más intencionada. Su tendencia suele ser la misma que la nuestra: aconsejar a alguien que sufre («Deberías...»), o intentar mitigar el dolor y ayudarle a ver la parte positiva («Al menos tienes otro perro»). Estas respuestas bienintencionadas demuestran que nuestros hijos se preocupan y deberíamos felicitarlos por sus buenas intenciones. Sin embargo, queremos enseñarles que la empatía consiste poco en dar consejos ni en encontrar el lado afirmativo de las cosas. Consiste más en escuchar, hacer compañía y compartir los sentimientos. Queremos enseñarles frases como: «Eso duele mucho» o «No sé qué decir, pero siento que haya pasado eso».

Mientras les enseñamos el lenguaje de la empatía, debemos evitar esperar demasiado de los niños, tengan la edad que tengan. Al fin y al cabo, incluso a los adultos les cuesta expresar bien sus sentimientos cuando están mal. Con la práctica, no obstante, incluso los niños muy pequeños desarrollan la capacidad de usar las herramientas básicas de una conversación empática. Y cuando los niños desarrollan el lenguaje de la empatía, aunque sea de manera rudimentaria, se preparan para tener relaciones más profundas y crean el andamio que les permitirá tener una vida más rica y con más sentido cuando lleguen a la edad adulta.

Enseña a los niños que aconsejar...

No es tan eficaz como escuchar y hacer compañía.

Estrategia #3 para fomentar un cerebro empático: amplía el campo de empatía.

Cuando hablamos de construir un cerebro empático, pensamos normalmente en enseñar a los niños a preocuparse por la gente que forma parte de su vida: familiares, amigos, compañeros de colegio, etc. Sin embargo, por importancia que tenga ser consciente de los deseos y las necesidades de quienes nos rodean, la verdadera empatía no se circunscribe a aquellos a quienes conocemos y queremos. Un cerebro empático se esfuerza por ampliar su «campo de empatía», incrementando la conciencia y la comprensión de quienes no forman parte de su círculo más íntimo.

Hay muchas maneras de ampliar el campo de empatía. Una vez más, todo se reduce a exponer a los niños al mundo interno de los demás, haciéndolos conscientes de lo que notan o no por sí mismos. Cuando en tu zona haya una ola de calor, habla con tus hijos sobre la sed que pasan los indigentes y diles cuánta gente sufrirá mucho porque no tiene aire acondicionado. Luego, pensad juntos en quiénes son esas personas y en las formas que tenéis de ayudarlas. O, cuando nieve, piensa en cualquier vecino que pueda necesitar ayuda para despejar la acera o ir hasta la tienda. A la mayoría de los niños les encanta poder ayudar a los demás si los guiamos para que se den cuenta de las necesidades de las personas que los rodean.

El voluntariado y los servicios a la comunidad son maneras eficaces de conseguir que tus hijos se enteren de los problemas de los demás en este mundo. Si te preocupa que tu hijo esté creciendo en una burbuja que le impide enterarse del dolor y el sufrimiento de los demás, visitad un refugio para indigentes, una residencia de ancianos o un hospital. Como siempre, ten en cuenta la edad y la etapa del desarrollo de cada niño y no los expongas a más de lo que pueden soportar. Pero una de las mejores maneras de que los niños reconozcan y se preocupen por el dolor de los demás es que lo presencien. Y una vez que la luz de la conciencia se enciende, puede comenzar a crecer y brillar por sí misma.

También puedes ampliar el campo de empatía de tus hijos demostrando interés por actividades en las que participan personas de orígenes diferentes. Basta simplemente que os apuntéis a deportes y otras actividades que les permitan interactuar con otros niños de distintas comunidades y barrios. Así todos conoceréis gente de fuera de vuestra burbuja. En casi todas las ciudades hay comunidades de otros países. Visita restaurantes, bibliotecas o lugares de culto para conocer a sus integrantes. Entrad no como turistas que visitan un lugar exótico, sino como iguales dispuestos a aprender y a apreciar otras formas de entender el mundo.

No existe una sola forma de ampliar el campo de empatía de tus hijos. La cuestión es aprovechar las oportunidades para abrir los ojos de los niños a los puntos de vista y las necesidades de otras personas, tanto de las que conocen como de aquellas en cuya vida no habrían pensado sin tu ayuda.

Niños con un cerebro afirmativo: enseña a tus hijos en qué consiste la empatía

De nuevo, la construcción de un cerebro empático empieza ayudando a los niños a ir más allá de sus pro-

Niños con un cerebro empático: en las otras secciones de «Niños con un cerebro empático» hemos hablado mucho de prestar atención a tus reacciones y a lo que estás sintiendo. Ahora queremos hablar de ver lo que está sintiendo otra persona.

Cuando miras a una amiga, ves su aspecto externo. Si tienes una radiografía suya, puedes ver su cuerpo por dentro.

Pero ¿sabes que también puedes ver a alguien con el corazón? Eso pasa cuando te das cuenta de lo que siente, por ejemplo, si es feliz o está triste o enfadada o emocionada.

Cuando miras a otra persona con el corazón te fijas en su cara, pero también en su cuerpo. ¿Eres capaz de decir cómo se siente este niño simplemente observando su lenguaje corporal?

Es Carter. Si has dicho que parece triste, tienes razón. Está triste porque un chico más mayor del colegio ha sido malo con él y lo ha empujado.

Carter no le ha dicho a Lottie que estaba triste, pero ella lo ha mirado con el corazón y lo ha sabido. Ha visto lo que siente su hermano y le duele el corazón.

Como ha mirado a su hermano con el corazón, Lottie ha sabido que tenía que vigilarlo. Le ha hecho preguntas sobre lo que sentía y los dos han decidido pedir consejo a su madre acerca del acosador.

La próxima vez que alguien de tu entorno lo esté pasando mal, míralo con el corazón. Presta atención a lo que esa persona siente. Si te das cuenta de cómo se siente, seguramente sabrás qué hacer.

pias perspectivas individuales y tener en cuenta lo que otra persona está experimentando. Hemos descubierto que resulta efectivo enseñarles a los niños a «ver con el corazón».

Mi cerebro afirmativo: fomentando mi propia empatía

Antes hemos hablado de enseñar a los niños un lenguaje de la empatía que les permita expresar el cariño y la preocupación que sienten por los demás, para luego profundizar aún más en su capacidad de amar y empatizar con las personas que sufren. Ahora queremos enseñarte un camino a ti, el adulto, para responder cuando las personas cercanas a ti se enfrentan a un reto. La idea fundamental es que puedes seguir siendo tú al mismo tiempo que te abres a los sentimientos de otra persona. La integración es el corazón de la empatía compasiva y los estudios revelan que, cuando nos acercamos a los demás para ayudarlos en lugar de identificarnos demasiado con su dolor y haciéndolo nuestro, podemos conservar la sensación de equilibrio mientras nos preocupamos compasivamente por ellos. La resonancia emocional sin diferenciación nos quema y nos agota, dejándonos sin fuerzas e incapaces de ayudar a otros.

Una parte importante de fomentar la empatía es cultivar la empatía por uno mismo. Nos referimos a lo que los investigadores llaman «autocompasión»: a aprender a ser amables con nosotros mismos, a ser comprensivos en lugar de duros. Cuando les damos ejemplo siendo buenos con nosotros mismos, estamos enseñando a nuestros hijos a serlo con ellos.

Ser empático con uno mismo es una actitud positiva, no es falta de disciplina ni responde a unas expectativas poco elevadas. Piensa en cómo te comunicarías con tu mejor amigo. Lo escucharías atentamente, sin juzgarlo, tratando simplemente de estar a su lado prestando atención a lo que te dijera. Serías amable y compasivo con él, ¿no?

La amabilidad es respetar la vulnerabilidad de alguien y hacer algo para apoyar a esa persona sin esperar nada a cambio. La compasión es notar el sufrimiento de otro, decidir cómo ayudarlo a sentirse mejor y tomar medidas para paliar su sufrimiento. Incluso podríamos decirle a nuestro amigo que ha cometido un error algo así como: «Oh, yo también hice eso» o «Eso hace la gente a veces».

La investigadora Kristin Neff identifica tres aspectos cruciales de la autocompasión: ser consciente, ser cariñoso y considerarse una pequeña parte de la humanidad. Cultivando en ti estos elementos de la empatía, estarás creando la bondad y la compasión que podrás enseñar a tu hijo. ¿No quieres que en la relación consigo mismo tu hijo sea tan cariñoso y comprensivo como es con su mejor amigo? Esa es una forma del cerebro afirmativo de crear empatía hacia uno mismo para toda la vida.

CONCLUSIÓN

Replanteando el éxito: la perspectiva del cerebro afirmativo

Cuando te planteas lo que significa que tus hijos tengan éxito en la vida, ¿en qué piensas? Hemos planteado a lo largo del libro lo que podemos llamar el éxito del cerebro afirmativo, basado en ayudar a nuestros hijos a mantenerse fieles a quienes son, guiándolos mientras desarrollan habilidades y destrezas que les permitan interactuar con el mundo con equilibrio, resiliencia, perspicacia y empatía. Este auténtico éxito se produce cuando los niños se abren a las experiencias y están dispuestos a aprovechar las oportunidades y a afrontar los desafíos, valoran la curiosidad y la aventura, y superan las adversidades comprendiéndose mejor y conociendo más sus puntos fuertes y sus pasiones.

Pero seamos realistas. Esta no es la definición de éxito por la que se guía la cultura contemporánea. A muchos padres y muchas escuelas los impulsa una idea muy diferente del éxito, por lo general medida no de dentro afuera, sino solo desde fuera. La sensación de inminente fracaso e inadecuación que impregna los entornos sociales y escolares que hemos creado en los tiempos modernos a menudo aporta a los niños y adolescentes una rigidez del cerebro negativo basada en el miedo, que les hace decir: «Lo que valgo se mide únicamente por lo que hago, por lo que consigo.» No es un pensamiento del cerebro afirmativo, porque rígidamente acaba con cualquier predisposición a adoptar o a explorar otras perspectivas que podrían modificar no solo el viaje, sino su destino. No produce equilibrio, ni resiliencia, ni perspicacia, ni empatía.

No estamos en desacuerdo con esta manera de pensar porque lleve directamente al fracaso. De hecho, centrándose en los logros externos uno puede incluso obtener mucho «éxito», sobre todo si mide ese éxito como muchos hacen hoy en día: por las buenas notas, los logros deportivos y artísticos, la popularidad entre maestros y otros adultos. Estas medidas externas, estos objetivos visibles, pueden dar como resultado esa clase de éxito porque obligan a seguir las reglas y a colorear sin salirse de la línea, en lugar de animar a correr el riesgo de intentar algo nuevo cuando descubrimos quiénes somos realmente y lo que nos proporciona alegría y satisfacción en la vida. La adhesión rígida a los convencionalismos y el statu quo suele ser la forma más segura de obtener las pegatinas doradas de los maestros y otras figuras de autoridad.

Pero, obviamente, las pegatinas doradas no son nuestro objetivo más importante para nuestros hijos. En otras palabras, nuestro principal objetivo no es ayudarlos a ser buenos para gustar a los demás, sobre todo cuando eso implica para ellos perderse el sentido y la emoción de la exploración, la imaginación, la curiosidad y todos los aspectos aventureros del cerebro afirmativo. Por supuesto que queremos que a nuestros hijos les vaya bien en la escuela y en sus actividades, del mismo modo que queremos enseñarles habilidades sociales para llevarse bien con los demás y sentirse cómodos en muchas situaciones. Pero, en última instancia, la vida no consiste en pegatinas doradas y en complacer a los demás, tanto si se trata de niños tremendamente competitivos de escuelas de élite como de malos estudiantes que solo intentan sobrevivir en un sistema educativo en el que se sienten perdidos y abandonados. No es en este tipo de motivación extrínseca en lo que queremos que nuestros hijos basen sus principales decisiones. ¿No preferiríamos que nuestros niños descubrieran quiénes son, qué es lo que más les importa y los satisface, qué les aporta sentido, vinculación y serenidad, qué les permite ser verdaderamente felices? Todavía pueden lograr grandes cosas en la vida y, sí, probablemente recibirán su justa dosis de felicitaciones y reconocimientos. Pero su motivación será interna, no será tratar de complacerte a ti o a los demás.

¿Cómo ayudamos a nuestros hijos a desarrollar este verdadero éxito en la vida intrínsecamente motivado? En nuestra opinión, empezando por reconocer y valorar a cada niño por lo que es. Cada uno tiene una chispa interior —una combinación de su temperamento único y sus experiencias— y queremos avivar la llama para que sean felices y estén sanos e internamente motivados para ser tan buenos como puedan llegar a ser. La agresividad del cerebro negativo acaba con la curiosidad y amenaza con apagar la llama que arde en cada niño. El cerebro afirmativo, muy por el contrario, crea las condiciones necesarias de flexibilidad, resiliencia y fuerza para que la llama única de una persona prenda y crezca.

La *eudaimonia*: valorando la chispa interior

Esta idea de la chispa interior procede de la antigua *eudaimonia* griega, que consistía en una vida llena de sentido, vinculación y serenidad. El término griego es apropiado para el cerebro afirmativo. El prefijo *eu-* significa «verdadero» o «bueno». *Daimon* expresa la idea de que tenemos una verdadera chispa o naturaleza interior, lo que la escritora Elizabeth Lesser describe como una esencia interna, «el carácter único que vive dentro de cada persona» y que es «fuerte y luminoso». Como padres, tenemos que ser los guardianes de la *daimon* de nuestros hijos, de su chispa única. Y cuando se añade *eu-* a *daimon*, tenemos *eudaimonia*: las verdaderas y buenas cualidades que resultan de reconocer y respetar nuestra esencia interior única.

¿No te gustaría que tu hijo acabara experimentando todo lo que aportará la conciencia de su esencia interna cuando llegue a la edad adulta? Como dice Lesser: «Quienes están en contacto con su autenticidad comparten ciertos rasgos. Son amables y fuertes en igual medida. No les preocupa demasiado lo que los demás piensen de ellos, pero están muy preocupados por el bienestar de los demás. Están tan en contacto consigo mismos que están abiertos a todo el mundo.» ¡Qué hermosa descripción del éxito del cerebro afirmativo! (Es casi como si *eudaimonia* fuera cerebro afirmativo en griego.)

Un enfoque del cerebro afirmativo para la crianza de los hijos es una forma de estar con cada uno de ellos que los ayuda a desarrollar este modo de mantenerse en contacto con su esencia interna, de cultivar esta auténtica brújula interior.

Como dice Lesser sabiamente, alguien que ha desarrollado una fuerte conciencia y el respeto por esta guía interna «tiene la sensación de estar en casa, sin pretensiones, sin excesos, se siente completo». Imagina si pudieras preparar el escenario de su crianza para hacerle a tu hijo honestamente esta afirmación: «Al final llegarás a saber con todas tus neuronas que es en tu ser auténtico en lo único que puedes confiar.»

Esta es una forma del cerebro afirmativo de darle a tu hijo la fuerza que le permita desarrollar una verdadera guía interior: el estado de *eudaimonia*. No es que la chispa interior sea algo fijo; no hay una esencia inalterable dentro de cada uno de nosotros. De lo que se trata es de aceptar que uno puede vivir con un enfoque interno de motivación y respeto por la íntima y auténtica experiencia de estar vivo. Esta conexión con una esencia interna verdadera y auténtica, esta vida con *eudaimonia*, está llena de sentido, vinculación y serenidad. El sentido consiste en saber lo que realmente importa; la vinculación, en estar abierto a la comunicación con los demás y con uno mismo y la serenidad, en ser capaz de conseguir el equilibrio emocional, en tener toda una gama de emociones y notar el equilibrio de esa vida rica tanto íntima como interpersonalmente, aceptando quiénes somos y en quién podemos llegar a convertirnos.

Este enfoque del cerebro afirmativo contribuye a desarrollar la vida exitosa que prepara a nuestros hijos desde dentro, dándoles una profunda conciencia de los procesos internos que les servirá de brújula para saber qué tiene para ellos sentido y cuáles son sus valores. Debemos valorar el viaje interior en lugar de centrarnos en el destino. Debemos valorar más el proceso que la meta final y alentar el esfuerzo disciplinado y la exploración, no solo los logros objetivamente mensurables. Y nada de eso es posible si inculcamos a nuestros hijos una idea del éxito de «talla única». En lugar de hacer eso, tenemos que ayudarlos a descubrir quiénes son, para que puedan no solo triunfar, sino hacerlo de manera acorde con sus talentos y deseos.

> Tenemos que ayudar a nuestros hijos a descubrir quiénes son, para que puedan no solo triunfar, sino hacerlo de manera acorde con sus talentos y sus deseos.

Redefiniendo el éxito

Piensa en tus hijos tal como son ahora. ¿Qué quieres para ellos? Todos los padres desean unos hijos felices y exitosos, pero ¿qué significa eso realmente? Las recompensas no tienen nada de malo (buenas notas, premios de música, logros deportivos, etc.), pero nos preocupa que sean un modo de entender el éxito bastante limitado. Hemos visto en demasiadas ocasiones que los padres se centran solo en logros concretos con un reconocimiento externo y olvidan comunicarse con sus hijos y cultivar su brújula interna del cerebro afirmativo, dejándoles como única guía lo que los demás esperan de ellos. Nos preocupa el hecho de que la educación sin tener en cuenta el cerebro afirmativo tenga a veces un gran coste.

Es por eso que abogamos por ampliar la definición de éxito. El éxito del cerebro afirmativo deja espacio para logros externos y pegatinas doradas, desde luego, pero trata de tener siempre en cuenta el objetivo a largo plazo de desarrollar la brújula interna del hijo basada en el equilibrio, la resiliencia, la perspicacia y la empatía. Se trata en definitiva de ayudar al niño a desarrollar un cerebro integrado y conectado para que pueda llevar una vida rica en relaciones, interacciones significativas con el mundo y serenidad. Dicho de otra manera, un cerebro afirmativo no impide a tu hijo tener éxito o un buen rendimiento, pero le evita los costes y las desventajas que acompañan al cerebro negativo, tanto a corto plazo (mayor ansiedad, agresividad, etc.) como a largo plazo (menos equilibrio, menos resiliencia, menos comprensión de uno mismo y menos empatía). Se centra en el viaje en lugar de hacerlo en unas metas impuestas que tal vez no encajan con la manera de ser del niño ni con lo que desea.

> El éxito del cerebro afirmativo deja espacio para logros externos y pegatinas doradas, desde luego, pero se trata en definitiva de ayudar al niño a desarrollar un cerebro integrado y conectado —un cerebro afirmativo— para que pueda llevar una vida rica en relaciones, interacciones significativas con el mundo y hacerlo con serenidad.

Como has llegado hasta aquí, la idea de un cerebro afirmativo seguramente ya te atrae. Lo más probable es que te importe mucho ayudar a tus hijos a desarrollar un sentido saludable de sí mismos, la voluntad y la capacidad para mantener relaciones sólidas, para preocuparse por las personas que los rodean, la resiliencia que les permita lidiar con el dolor y los reveses inevitables de la vida y el deseo de hacer lo correcto y de vivir una vida con sentido e incluso aventurera. En otras palabras, quieres avivar su chispa interior para que descubran lo que les aporta alegría y satisfacción y cómo aprovechar al máximo sus talentos y habilidades. En eso consiste el verdadero éxito.

Sin embargo, sabemos, después de criar a nuestros hijos respectivos y hablar con miles de padres todos los años, que es fácil dejarse seducir por una definición de éxito muy diferente. Incluso si estás completamente comprometido con la educación de tus hijos desde una perspectiva del cerebro afirmativo, puedes verte indebidamente influenciado por tus iguales y tus miedos. O a lo mejor te sientes tentado a vivir a través de tus hijos, creyendo que su éxito es el tuyo. En muchas comunidades, el rendimiento y los logros son tan apreciados que resulta difícil mantenerse enfocado en los principios del cerebro afirmativo que conducen a una vida feliz y con sentido. Mientras los niños son muy pequeños es fácil hablar de la importancia de un estilo de vida equilibrado que evite la trampa de sobrecargar el horario y deje bastante tiempo para el descanso. Pero a medida que crecen, nuestro buen juicio puede verse socavado por la competitividad, por la preocupación de estar haciendo un flaco favor a nuestros hijos al no presionarlos lo suficiente, por las normas culturales y las expectativas de nuestro barrio o de la escuela a la que van. Como resultado, muchos padres —incluso los padres afectuosos y con buena intención— se dejan arrastrar por la carrera del éxito, obligándose y obligando a sus hijos y a toda la familia a correr cada vez más deprisa para mantenerse a la altura de una definición del verdadero éxito impuesta externamente.

La carrera del éxito.

Sin darse cuenta siquiera, muchos padres empiezan a aceptar suposiciones ambiguas y dudosas (como la de que ir a una universidad de élite garantiza el éxito en la vida), por lo que gradualmente van adoptando creencias igualmente vagas y dudosas (como la de que más deberes equivalen a más aprendizaje). Algunos padres incluso se endeudan para contratar profesores privados y entrenadores personales y se apuntan a cada nueva oportunidad de aumentar las posibilidades de que sus hijos tengan una «buena preparación» y sean admitidos en una escuela «adecuada». En muchos casos, este deseo dirige las decisiones de los padres desde que los hijos aprenden a caminar y hablar o incluso antes. A partir de ese momento la vida familiar se rige por horarios estructurados, actividades de enriquecimiento, clases de idiomas, capacitación especializada, escuelas de verano, etc. ¡Uf! ¡Es como subirse a una cinta de correr agotadora e incluso destructiva! ¿Qué viene a continuación? ¿Meter con calzador clases de meditación en el horario de nuestros hijos para que soporten mejor la presión de las otras actividades programadas?

¿Algo de esto te suena? Si es así, no eres el único. Los padres se sienten abrumados y exhaustos por un estilo de vida y un conjunto de valores culturales que los impulsan e impulsan a sus hijos implacablemente hacia esta definición tan limitada del éxito medido externamente. Si bien simpatizamos con la motivación inicial de proteger a nuestros hijos, la triste realidad es que esta buena intención es bastante errónea y a menudo deja confundidos a los padres sobre el motivo por el que su hijo no está preparado para salir al mundo con una idea clara de quién es. La cinta de correr empuja a las familias y las escuelas (al igual que las empresas que satisfacen a los padres y alimentan su miedo) a suposiciones del cerebro negativo sobre el rendimiento y el éxito que nada tienen que ver con lo que las investigaciones nos dicen acerca de lo que los niños realmente necesitan para progresar. Algunas guarderías dan deberes a los niños para prepararlos para el rigor que los espera en Preescolar. ¡Pero si los niños de esas edades todavía no saben subirse la cremallera de la chaqueta ni quitarse el pañal!

Numerosos expertos están denunciando una epidemia de ansiedad y depresión entre los estudiantes «exitosos», ya no digamos entre los que se quedan atrás. Como resultado del énfasis excesivo en el logro y la motivación extrínseca, la infancia se convierte para muchos en una etapa de presión y ansiedad tratando de encajar en lo que sus padres y otros adultos esperan de ellos, en lugar de ser una época de libre desarrollo y exploración a medida que descubren cosas y crecen. En lugar de *eudaimonia*, muchos experimentan un sentimiento de inadecuación incluso estando a la cabeza de su clase. Con una medida exclusivamente externa de «éxito», hay un verdadero vacío en su vida en cuanto a lo que tiene significado y realmente importa. En lugar de disfrutar de aprender, de sentirse elevados por la educación y de tener la oportunidad de aprender como mejor aprenden, jugando y explorando, muchos estudiantes se sienten agobiados y superados por la escuela y por sus actividades. Este enfoque exclusivo en la motivación extrínseca impacta en la vida familiar y amenaza con destruir el cerebro afirmativo y apagar la chispa interior que mantiene vivos la curiosidad, la creatividad y el gusto por aprender. No consideramos exagerado decir que amenaza con erosionar la niñez y un enfoque afirmativo para vivir en el mundo.

Cuando hablamos con los padres, muchos nos dicen

que no están de acuerdo con la cantidad de deberes que tienen sus hijos; a menudo opinan que trabajan demasiado y que el horario los agobia. La necesidad frenética y competitiva de hacer tantas cosas no les sienta bien. Y los estudios apoyan la idea de que, a partir de una cierta cantidad, el montón de deberes consigue poco más que impedir que los niños duerman lo suficiente. Pero los padres tienen miedo de bajarse de la cinta de correr. Los impulsa el temor de que su hijo sea el único que no está a la altura, que no tenga ventaja, y eso les da miedo porque quieren hacer lo correcto para sus hijos y maximizar sus oportunidades. Como dijo un padre: «Sé lo que dicen los investigadores y me gustaría pedirle a mi hijo que haga menos. Pero afrontémoslo: me estoy jugando su futuro y es una apuesta que no estoy dispuesto a perder.»

Así que por querer lo mejor para sus hijos, para «proteger» las opciones futuras, estos padres continúan abarrotándoles el horario y obligándolos a quemarse las pestañas, todo en nombre del «éxito». Irónicamente, no les están proporcionando lo que realmente los haría tener una mentalidad de progreso y los ayudaría a adquirir el valor para no abandonar ni siquiera en los momentos difíciles. En lugar de tomarse la molestia de centrarse en una experiencia del cerebro afirmativo con sus hijos, les preocupa no ofrecerles «todas las ventajas» y suponen que una de las mejores cosas que pueden darles es el «dominio» de cierta habilidad artística, deportiva, académica o de otro tipo. El resultado es que no les queda tiempo ni espacio para jugar, ni para imaginar, ni para explorar, ni para estar en la naturaleza; para las cosas que, como venimos argumentando, conducen al verdadero éxito, la paz interior y la alegría.

Tina tiene un claro recuerdo de hace varios años, cuando se descubrió a sí misma en uno de esos momentos de rigidez en la cinta de correr del éxito. Su hijo de dos años jugaba absorto con unos cubiletes apilables en la sala de estar justo antes de ir los dos a una clase de música en la YMCA. Su frustración fue en aumento cuando se dio cuenta de que no solo llegarían tarde a la clase, sino que también tendría que batallar para apartar al niño de su juego con los cubiletes.

Pero antes de atacar se contuvo y se rio de su necesidad de llegar puntual a una clase de «enriquecimiento» para un crío de dos años que se sentía muy enriquecido con los cubiletes de plástico. Dejó el bolso, se quitó los zapatos y se sentó en la alfombra junto al pequeño. Compartió con él la curiosidad por aquellos objetos mágicos que encajaban perfectamente entre sí y no tuvo que librar la batalla, completamente innecesaria. Hay veces, por supuesto, en que no podemos permitir que los niños se salgan con la suya. Claro que las hay.

Una de las lecciones cruciales que aprendemos en la infancia es que no siempre obtenemos lo que queremos. Hemos insistido en ello a lo largo del libro. En este caso, sin embargo, no había ninguna razón para que Tina luchara con su hijo pequeño. El rato que compartieron en el suelo seguramente fue mucho más valioso que cual-

> Hay veces, por supuesto, en que no podemos permitir que los niños se salgan con la suya. Claro que las hay. Una de las lecciones cruciales que aprendemos en la infancia es que no siempre obtenemos lo que queremos.

quier cosa que hubiera aprendido cantando *Wheels on the Bus* con los otros niños en la YMCA.

Ambos admitimos gustosamente que en muchas ocasiones nos perdemos oportunidades como esta con nuestros propios hijos. Todos los padres lo hacen. A veces, estamos demasiado ocupados para prestar atención a lo que nuestro hijo necesita en ese momento, para compartir sus intereses, para ver qué está descubriendo y compartir con él la emoción del descubrimiento. En otras ocasiones, nos esforzamos tanto para «enriquecer» a nuestros hijos que no prestamos atención a lo que les está pasando realmente, lo que significa que estamos más interesados en hacer que en estar con ellos o considerar lo que realmente necesitan. En esta ocasión Tina pudo controlarse y bajarse de la cinta de correr. Al hacerlo, obtuvo la recompensa de conectar con su pequeño de una forma que no hubiera logrado de haber permanecido fiel al horario en detrimento de avivar la llama de su curiosidad innata.

Incluso a medida que los niños crecen, tiene un coste elevado dedicar la infancia exclusivamente a clases de violonchelo, entrenamientos de voleibol y programas académicos extraescolares en lugar de reconocer la necesidad fundamental de permitir a los niños ser niños y, simplemente, jugar. Con frecuencia su curiosidad y sus pasiones se ven constreñidas y empiezan a decrecer en lugar de ser alimentadas y alentadas continuamente para que emerjan. A pesar de que los padres tienen las mejores intenciones, las clases extras y las actividades complementarias suelen terminar siendo contraproducentes para el cerebro y la mente en desarrollo y limitan el verdadero descubrimiento, el propósito, la felicidad y la comprensión de uno mismo de los niños. Y el esfuerzo de los padres a menudo tiene consecuencias completamente imprevistas y consigue que los niños detesten una actividad en la que hubieran sido realmente buenos y de la que hubieran disfrutado.

¿Por qué los padres cariñosos y bienintencionados actúan así, como tantos de nosotros? Una razón es que vemos los objetivos externos con nuestros propios ojos, que hay maneras concretas de medirlos. No dan sensación de dominio, de tener lo que los psicólogos llaman «voluntad», la capacidad de elegir y de actuar, y esto nos hace sentir poderosos. Con objetivos externos, podemos elegir una dirección, orientar a nuestros hijos hacia ella y ver si los llevamos hasta allí o no. Los objetivos internos —adquirir equilibrio emocional y resiliencia; aprender a ser consciente del mundo que tenemos dentro; avivar la llama de la curiosidad, la compasión y la creatividad; fomentar la perspicacia y la preocupación por los demás— son características personales de un niño, a menudo menos evidentes. Los objetivos internos son la clave de la inteligencia social y emocional, del valor y la resiliencia, pero cuesta verlos y aún más medirlos. Así que solemos elegir el camino fácil, nos subimos a la cinta del éxito, participamos en la carrera de ratas de lograr un objetivo externo y perdemos de vista lo que ni siquiera hemos sabido nunca: que había objetivos internos a los que podíamos aspirar.

¿Qué hay que se pueda medir? Un promedio de notas. El resultado de un examen. La admisión en una universidad. No son malos objetivos en sí mismos. Pero cuando los anteponemos a que nuestro hijo desarrolle su brújula interna, tienen consecuencias negativas profundas, duraderas y, a veces, devastadoras. Los adolescentes, por ejemplo, están más ansiosos, estresados y deprimidos que nunca. Frente a un mundo incierto, habiendo crecido a menudo con el enfoque puesto en los logros externos, sin las habilidades del cerebro afirmativo (equilibrio, resiliencia, perspicacia y empatía), salen de su casa mal equipados para afrontar los desafíos del mundo que los esperan.

Por último, no tenemos ningún inconveniente en que los cerebros jóvenes se expongan a diferentes actividades y clases. El enriquecimiento puede ser una parte importante de la vida de un niño. Los deportes, la música y otras disciplinas son formas maravillosas de que los niños desarrollen habilidades sociales y adquieran autodisciplina y otras habilidades que les aportan confianza y los hacen más competentes. Tampoco estamos en absoluto en contra de la importancia de los logros o de ser muy bueno en algo, incluido el buen rendimiento escolar. Sobre todo si a un niño lo apasiona una actividad en particular, hay que fomentar ese deseo. Pero hay que preguntarse dos cosas: «¿A qué coste?» y «¿Lo hago por mí o por mi hijo?»

Un cartel del éxito del cerebro negativo

Dan conoce un chico —lo llamaremos Eric— que serviría de modelo para un cartel del éxito del cerebro negativo y sus inconvenientes. Eric se graduó hace poco en una universidad puntera después de haber acertado todas las canastas y cumplimentado todas las casillas del éxito. Sacó unas notas brillantes en una escuela primaria muy conocida, donde destacó en deportes y actuó en el musical de primavera. Posteriormente tuvo mucho éxito también en la universidad. Se graduó e inmediatamente encontró un trabajo muy codiciado y bien pagado.

Cuando habló hace poco con Dan, sin embargo, le dijo que se sentía perdido en cuanto a saber quién es en realidad. A pesar de su impresionante educación y del imponente expediente académico, sigue lleno de dudas, con un montón de autodescubrimiento y desarrollo por delante. Le han dado un montón de pegatinas doradas —podría decorar todo un rincón del despacho con ellas—, pero su propósito en la vida lo ha eludido hasta ahora.

Eric todavía es joven y tiene mucho tiempo para encontrar su *daimon*, para descubrir quién es e incluso para desarrollar su cerebro. Pero ¡qué lástima que este joven con tantos talentos no haya empezado hasta ahora a hacerse las preguntas que lo ayudarán a desarrollar las cualidades internas indispensables para una vida llena de alegría y sentido! Su brújula interior aún no se ha desarrollado y su vida está desequilibrada. Además, carece de la resiliencia necesaria para soportar la tormenta existencial que acompaña sus preguntas acerca de sí mismo y su identidad. Al comienzo de lo que la mayoría consideraría una carrera más que prometedora, ni siquiera sabe si desea hacer este trabajo o qué ideas y posibilidades lo atraen.

En otras palabras, la chispa que ardía en él cuando era pequeño, cualquier cosa que lo iluminara emocional e intelectualmente, ahora yace inactiva, esperando a ser reavivada. Lamentablemente, sus padres se centraron solo en los logros externos, no en la experiencia interna de Eric. Les faltó perspectiva del cerebro afirmativo en el enfoque de la infancia y la adolescencia de su hijo. Su llama se fue extinguiendo a lo largo de su juventud mientras lograba y cumplimentaba las casillas apropiadas de un aparente éxito. Ahora, al comienzo de la edad adulta, no tiene *eudaimonia*. Sabe cómo complacer a los demás, pero todavía no tiene la capacidad de dirigirse hacia lo que para él tiene sentido. Los valores y los resultados externos, fácilmente mensurables, se primaron en detrimento de los valores íntimos que conducen al éxito personal auténtico y duradero.

Insistimos, el «éxito» de Eric no tiene nada de malo. No estamos haciendo campaña en contra del trabajo duro, los buenos hábitos de estudio o las universidades de élite. Lo que estamos diciendo es que los logros académicos y profesionales constituyen solo una parte de la definición de éxito, una versión estrecha que puede lograrse sin desarrollar nunca una felicidad auténtica y un compromiso significativo en la vida.

Lo que es peor, este tipo de éxito puede que no encaje con la persona que tu hijo es en realidad. Todos conocemos el estereotipo del padre tremendamente competitivo que obliga a su hijo a practicar deportes a pesar de que el niño realmente quiere dedicarse a la música o al teatro. ¿Es tal vez menos problemático imponer una visión académica o profesional a un niño cuyas metas y deseos son claramente otros? Si tu hijo se convierte en un adolescente que siente pasión por tener éxito en la escuela, entonces, por supuesto, respeta esa pasión, pero no dejes de servirle un plato de la mente sana para equilibrar y permanece atento para ayudarlo a desarrollar tanto sus distintas facetas personales como su cerebro afirmativo.

Por eso decimos que los parámetros de conceptos tales como la disciplina, los logros y el éxito deben ser modificados para abordar lo que ahora sabemos que es esencial para el cerebro y para el desarrollo óptimo de un niño. Las últimas investigaciones insisten en que la verdadera salud mental, al igual que la felicidad y la realización que conlleva el cerebro afirmativo, no es el resultado de una especialización rígida, sino de probar una amplia gama de intereses, porque la variedad desafía y desarrolla las distintas partes del cerebro y hace que este crezca y madure globalmente a medida que el niño se desarrolla, estimulando las conexiones neuronales. El desarrollo se optimiza con una actitud del cerebro afirmativo.

> Hay que modificar los parámetros de conceptos tales como la disciplina, los logros y el éxito para abordar lo que ahora sabemos que es esencial para el cerebro y para el desarrollo óptimo de un niño.

Una última pregunta: ¿Estás atizando el fuego interno de tu hijo?

Estás llegando a las últimas páginas del libro. Párate a pensar hasta qué punto las interacciones y la vida cotidiana de tu familia fomentan el crecimiento del cerebro afirmativo de tus hijos. Pregúntate:

- ¿Estoy ayudando a mis hijos a descubrir quiénes son y quiénes quieren ser?

- Las actividades en las que participan, ¿cuidan y avivan su chispa interior? ¿Contribuyen al desarrollo del equilibrio, la resiliencia, la perspicacia y la empatía?
- ¿Y el horario familiar? ¿Les deja tiempo para pasar ratos de aprendizaje, exploración e imaginación o les impone un ritmo tan frenético que nunca pueden relajarse, jugar, ser curiosos, crear y limitarse a ser niños?
- ¿Estoy dando a las notas y al rendimiento más importancia de la debida?
- ¿Les estoy inculcando a mis hijos que lo que hacen es más importante que lo que son?
- ¿La relación con mis hijos se erosiona porque constantemente insisto en que hagan más o sean mejores?
- ¿Qué hay de la forma en que mis hijos y yo hablamos de estos valores? ¿Sobre qué debatimos, de qué nos preocupamos y a qué dedicamos tiempo y energía?
- Con mi manera de comunicarme con mis hijos, ¿contribuyo a que su chispa crezca o a que se apague?

Son preguntas prácticas del cerebro afirmativo de las que hemos hablado a lo largo del libro. Preguntándonos en qué invertimos el dinero, cómo es nuestro horario y de qué solemos hablar con nuestros hijos podemos detectar una discordancia entre lo que pensamos que valoramos y lo que valoramos realmente. Si eres como la mayoría de los padres, descubrirás que, de muchas maneras, estás alimentando el fuego interno de tus hijos, empujándolos a crecer y a desarrollar un sólido cerebro afirmativo; de muchas otras, la vida cotidiana de tu familia puede no estar avivando la chispa de tus hijos y quizás incluso amenace con extinguirla.

Para nosotros, finalmente, es bastante sencillo (aunque no precisamente fácil). Ayudar a los niños a desarrollar un cerebro afirmativo se reduce a dos cosas:

1. Permitir que cada niño se desarrolle hasta alcanzar la plenitud de su esencia en lugar de imponerle nuestras necesidades, deseos y planes.
2. Estar pendiente de los momentos en que nuestro hijo necesita ayuda para desarrollar sus capacidades y forjar las herramientas necesarias para progresar.

Si podemos centrarnos en estos objetivos —respetando la llama de cada niño mientras le enseñamos lo necesario para construirse una brújula interna y tener éxito en la vida—, crearemos el entorno para promover una vida llena de felicidad, significado y sentido. Una vida del cerebro afirmativo.

Al fin y al cabo, la *eudaimonia* y el verdadero éxito se derivan de dar a los hijos la oportunidad de saber quiénes son y de seguir sus deseos y pasiones para que tengan una vida rica y plena. Ayúdalos a desarrollar la capacidad de vivir con equilibrio, de afrontar las adversidades con resiliencia, de conocerse bien y de preocuparse por los demás. Equilibrio. Resiliencia. Perspicacia. Empatía. Estos son los atributos que se consiguen cultivando un cerebro afirmativo. Si puedes contribuir a que tus hijos desarrollen estas capacidades, los irás guiando en su avance hacia el verdadero éxito. No se librarán de luchar —estamos hablando de la vida, después de todo—, pero cuando afronten una dificultad, grande o pequeña, tendrán la capacidad de hacerlo desde una posición de fortaleza, sabiendo bien quiénes son y en qué creen.

Nuestro mayor deseo es que llegues a experimentar las formas en que la educación del cerebro afirmativo te permite crear lazos y comunicarte con tus hijos para apoyarlos a medida que adquieren resiliencia y fortaleza interna para toda la vida. Animándolos repetidamente a estar en el mundo con una mentalidad afirmativa, tus hijos tendrán *eudaimonia* y una brújula interna para notar sus tendencias naturales, capaces de alimentar tanto su pasión como su persistencia ante los desafíos.

Y esa actitud se ve reforzada si también tienen un propósito, uno que proviene del hecho de darse cuenta, cada niño de manera distinta y que cambia a medida que se suceden las diferentes etapas de la vida, de que el sentido y la vinculación provienen de ayudar a otros. ¡Qué maravillosa combinación es que den un enfoque del cerebro afirmativo no solo a su propia vida, sino también a sus recientes interacciones con los demás en el mundo! Esperamos que estas ideas también te ayuden a ti a cultivar esa fuerza y te proporcionen una brújula interna mientras los educas. ¡Disfruta del viaje!

AGRADECIMIENTOS

De Dan

A Tina, porque escribir un libro contigo es siempre un placer y me gustaría expresaros mi gratitud a ti y a Scott por vuestra maravillosa colaboración con Caroline Welch y conmigo concibiendo ideas y limando los detalles de los diversos proyectos en los que participamos los cuatro en equipo.

A mi hijo Alex y a mi hija Maddi, veinteañeros ya. Valoro profundamente nuestra conexión y vuestra curiosidad, pasión y creatividad, que iluminan para mí la esencia de un enfoque de la vida con cerebro afirmativo.

Para mi compañera de vida y trabajo, Caroline. Siempre estaré agradecido por nuestra relación: una colaboración del cerebro afirmativo que continúa inspirándome y apoyándome a medida que crecemos en la vida. Como dicen en irlandés: *It's grand to be having the craic together!* [«Es estupendo que nos divirtamos tanto juntos.»]

Esta obra no habría sido posible sin el apoyo, la dedicación y el ingenio de nuestro equipo del Instituto Mindsight: Deena Margo-lin, Jessica Dreyer, Andrew Schulman, Priscilla Vega y Kayla Newcomer. Os doy las gracias a todos y cada uno por ser una parte vital de nuestro esfuerzo conjunto. Juntos nos esforzamos por convertir el enfoque interdisciplinario de la neurobiología interpersonal en aplicaciones prácticas que mejoren los elementos de introspección, empatía e integración que ayudan a construir los cimientos del bienestar en nuestro mundo tanto interno como interpersonal.

A mi madre, Sue Siegel, que nos inspira a todos con su profunda sabiduría, humor y resiliencia, y que siempre ha nutrido mi propio enfoque de la vida del cerebro afirmativo. Y a mi suegra, Bette Welch: gracias por traer al mundo una hija tan fuerte y enérgica que es una fuente inagotable de visión y apoyo para nuestros hijos, para mí y para el Instituto Mindsight en este viaje de la vida.

De Tina

Para Dan. Me siento profundamente honrada de hacer este gran trabajo contigo, mi siempre tan querido maestro, colega y amigo. Estoy agradecida por el tiempo que Scott y yo pasamos contigo y Caroline, y valoro tu amistad tanto como nuestra asociación profesional, significativa, divertida y productiva.

Para Ben, Luke y J. P., porque vuestro corazón, vuestra mente, vuestro sentido del humor, vuestra pasión y vuestra chispa única nos llenan a vuestro padre, a mí y al mundo de alegría. Incluso cuando la vida se pone difícil, vuestro cerebro afirmativo es contagioso, y los tres me ilumináis y me inspiráis a decirle que sí al mundo. Me hacéis amar el mundo mucho más.

Para Scott, que vives el equilibrio, la resiliencia, la perspicacia y la empatía. Sé que nuestros chicos serán grandes padres porque han aprendido de ti a serlo. Estoy agradecida por lo mucho que nos quieres y porque nuestra relación continúa creciendo. Gracias por invertir en mí, en estos proyectos de libro y en nuestro trabajo conjunto.

A mi equipo en The Center for Connection, con gran afecto quiero daros las gracias por enseñarme e inspirarme mientras hacemos el importante trabajo de luchar contra la complejidad para ayudar a tantas familias: Annalise Kordell, Ashley Taylor, Allie Bowne Schriner, Andrew Phillips, Ayla Dawn, Christine Triano, Claire Penn, Deborah Buckwalter, Debra Hori, Esther Chan, Francisco Chaves, Georgie Wisen-Vincent, Janel Umfress, Jennifer Shim Lovers, Johny Thompson, Justin Waring-Crane, Karla Cardoza, Melanie Dosen, Olivia Martinez-Hauge, Robyn Schultz, Tami Millard, Tiff nie Hoang, y, por último, gracias especialmente a Jamie Chaves por ilustrarme sobre el procesamiento sensorial y el importante papel que juega en la regulación del sistema nervioso mientras luchábamos con las ideas de este libro. Gracias además por colegas de ideas afines —Mona Delahooke, Connie Lillas, Janiece Turnbull y Sharon Lee— a quienes recurro para mi propio crecimiento y que prestan su mente sabia, su humor y su pasión para ayudar a las familias y cambiar las opiniones acerca de cómo funcionan los niños, y las mujeres del Instituto Momentous: Michelle Kinder, Heather Bryant, Sandy Nobles y Maureen Fernandez.

Para mis padres y parientes políticos, Galen Buckwalter, Judy y Bill Ramsey y Jay Bryson; siempre me habéis brindado vuestro amor y vuestro apoyo, alentándome. Mi madre, Deborah Buckwalter, es el mejor ejemplo para mí de lo que significa vivir una vida del cerebro afirmativo. Honro la memoria de mi padre, Gary Payne, quien continúa influyéndome profundamente.

De Dan y Tina

Queremos dar las gracias a Doug Abrams, nuestro agente literario, cuyo oído atento y cuyo corazón amoroso nos proporcionan el espacio en el que probar nuestras ideas y luego enviarlas al mundo. ¡Gracias, Doug, por ser un apasionado de nuestra misión de compartir estas ideas y por ser un amigo tan querido a lo largo de este viaje maravilloso!

Marnie Cochran es una editora perspicaz que también ha apoyado el proceso de redacción desde la idea inicial hasta el texto final, siempre dispuesta a colaborar con nosotros para hacer del libro la mejor forma de expresión que se puede tratar de crear colectivamente. Gracias por animarnos, unirte a nosotros y entusiasmarte con nosotros en este trabajo de amor. Te apreciamos muchísimo, Marnie.

Como siempre, damos las gracias a Merrilee Liddiard, cuyos talentos y cuya sensibilidad artística nos han ayudado a transmitir las ideas de *El cerebro del niño*, *Disciplina sin lágrimas* y ahora de *El cerebro afirmativo* de forma más completa y rica que con solo palabras. Gracias a Scott Bryson por compartir generosamente su talento como profesor de inglés. Agradecemos a Christine Triano, Liz Olson y Michael Thompson el apoyo y los sabios comentarios sobre las primeras versiones del manuscrito.

Nuestro último mensaje de gratitud es para todos los padres e hijos y para los adolescentes que han sido pacientes nuestros y han participado en nuestros talleres educativos. Gracias por ser receptivos y tener el valor de ver que las maneras del cerebro negativo en las que con tanta frecuencia nos quedamos atrapados pueden transformarse en la libertad del cerebro afirmativo con esfuerzo y orientación. Este libro no hubiera sido posible sin el privilegio que hemos tenido de ser tus compañeros de viaje a lo largo de este camino hacia la resiliencia y el bienestar.

HOJA PARA LA NEVERA
El cerebro afirmativo
Daniel J. Siegel y Tina Payne Bryson

- **Cerebro afirmativo**
  - ▶ Flexible, curioso, resiliente, dispuesto a probar cosas nuevas e incluso a cometer errores.
  - ▶ Abierto al mundo y a las relaciones, nos ayuda a relacionarnos con los demás y a entendernos a nosotros mismos.
  - ▶ Crea una brújula interna y conduce al verdadero éxito porque prioriza el mundo interno del niño y encuentra maneras de desafiar el cerebro en su conjunto para que desarrolle todo su potencial.

- **Cerebro negativo**
  - ▶ Agresivo y temeroso, rígido y apagado, preocupado por cometer un error.
  - ▶ Tiende a centrarse en logros y metas externos, no en el esfuerzo y la exploración internos.
  - ▶ Puede llevar a conseguir pegatinas doradas y éxito externo, pero lo hace adhiriéndose rígidamente a las convenciones y al statu quo y aprende bien a complacer a los demás en detrimento de la curiosidad y la alegría.

Los cuatro fundamentos del cerebro afirmativo

- **Equilibrio: habilidad aprendida que crea estabilidad emocional y control físico y mental**
  - ▶ Lleva a la zona verde, donde los niños se sienten tranquilos, se controla físicamente y controla sus decisiones.
  - ▶ Cuando los niños están enfadados, pueden abandonar la zona verde para entrar en la acelerada y caótica zona roja o en la rígida y apagada zona azul.
  - ▶ Los padres pueden crear equilibrio buscando el «punto óptimo de integración». El equilibrio se deriva de estar adecuadamente diferenciado y vinculado.
  - ▶ Estrategia de equilibrio # 1: Más horas de sueño.
  - ▶ Estrategia de equilibrio # 2: Sirve el plato de la mente sana: racionaliza el horario de la familia.

- **Resiliencia: estado que nos permite superar los desafíos con fortaleza y claridad de juicio**
  - Objetivo a corto plazo: equilibrio (volver a la zona verde). Objetivo a largo plazo: resiliencia (ampliar la zona verde). Ambos objetivos conducen a la capacidad de recuperarse de los reveses.
  - La conducta es comunicación, así que en lugar de centrarte únicamente en acabar con la conducta problemática, escucha el mensaje y desarrolla habilidades.
  - A veces los niños necesitan un empujón y otras un amortiguador.
  - Estrategia de resiliencia # 1: Ayuda a tus hijos a sentirse a salvo, atendidos, consolados y seguros.
  - Estrategia de resiliencia # 2: Enseña a tus hijos a cambiar de perspectiva para que no sean víctimas de sus emociones y de las circunstancias.

- **Perspicacia: capacidad para mirar hacia el interior de uno mismo, entenderse y luego usar lo aprendido para decidir bien y controlar mejor la vida**
  - El observador y lo observado: ser el espectador que observa al jugador en el terreno de juego.
  - El poder está en la pausa que nos permite elegir cómo respondemos a una situación.
  - Estrategia de perspicacia # 1: Redefine el dolor; pregunta a los niños qué esfuerzo prefieren hacer.
  - Estrategia de perspicacia # 2: Evita que el volcán entre en erupción: enseña a los niños a hacer una pausa antes de estallar.

- **Empatía: la perspectiva que nos permite tener en cuenta que cada uno de nosotros no es solo un «yo» sino parte de un «nosotros»**
  - Al igual que las otras habilidades, la empatía se puede aprender con las interacciones y experiencias diarias.
  - Consiste en comprender la perspectiva de otro y de preocuparse lo suficiente como para tomar medidas para mejorar las cosas.
  - Estrategia de empatía # 1: Ajusta el «radar de la empatía» para activar el sistema del compromiso social.
  - Estrategia de empatía # 2: Usa un lenguaje de empatía: proporciona un vocabulario que exprese cariño.
  - Estrategia de empatía # 3: Amplía el campo de empatía: trata de que los niños tengan más en cuenta a las personas que no forman parte de su círculo íntimo.

ÍNDICE